LA SOLEDAD NO DESEADA EN LAS COMUNIDADES DE PROPIETARIOS:

Una fundamentación iusfilosófica y propuesta de actuación preventiva desde la Ley de Propiedad Horizontal

LA SOLEDAD NO DESEADA EN LAS COMUNIDADES DE PROPIETARIOS:

Una fundamentación iusfilosófica y propuesta de actuación preventiva desde la Ley de Propiedad Horizontal

Autores:

Dra. Cristina Caja Moya
Jueza, Docente e Investigadora.
Universidad del Atlántico Medio.
Facultad de Ciencias Sociales y Jurídicas
cristina.caja@pdi.atlanticomedio.es
Código ORCID: https://orcid.org/0000-0003-3878-8721

Elio Quiroga Rodríguez
Informático, cineasta y escritor.
Universidad del Atlántico Medio.
Facultad de Ciencias Sociales y Jurídicas
elio.quiroga@pdi.atlanticomedio.es
Código ORCID: https://orcid.org/0000-0002-4912-1941

Este libro ha sido sometido a un riguroso proceso de revisión por pares.

© 2026 Cristina Caja Moya y Elio Quiroga Rodríguez

© 2026 Atelier
      Santa Dorotea 8, 08004 Barcelona
      e-mail: editorial@atelierlibros.es
      www.atelierlibrosjuridicos.com
      Tel. 93 295 45 60

I.S.B.N.: 979-13-88096-46-4
Depósito legal: B 3075-2026

Impresión: Safekat

SUMARIO

Preámbulo

La soledad no deseada constituye en la actualidad uno de los principales desafíos sociales de las sociedades contemporáneas, con un impacto acreditado sobre la salud física y mental de millones de personas, cuyas consecuencias han sido equiparadas por la literatura científica a factores de riesgo tan relevantes como el tabaquismo o la obesidad. Sin embargo, el Derecho —y en particular el Derecho civil— ha abordado esta realidad de manera fragmentaria, permaneciendo anclado en una concepción predominantemente individualista de las relaciones vecinales que privilegia la no injerencia sobre la articulación de mecanismos de solidaridad social.

Esta monografía nace de la convicción de que tal enfoque resulta insuficiente desde una perspectiva jurídica comprometida con la dignidad de la persona como fundamento del ordenamiento constitucional y con los valores propios del Estado social y democrático de Derecho. En este contexto, la obra propone una reinterpretación de la Ley de Propiedad Horizontal conforme a la Constitución, orientada a fundamentar la legitimidad de medidas preventivas de carácter comunitario dirigidas a la detección temprana y adecuada canalización de situaciones de aislamiento social susceptibles de comprometer derechos fundamentales.

Partiendo de una concepción del Derecho como instrumento al servicio de la persona, el trabajo desarrolla una fundamentación constitucional, iusfilosófica, psicosocial y ética que permite integrar la prevención de la soledad no deseada en el marco normativo de las comunidades de propietarios. Esta aproximación multidimensional combina el análisis dogmático-jurídico de los preceptos de la Ley de Propiedad Horizontal con aportaciones de la filosofía del Derecho —en particular del personalismo jurídico y la ética del cuidado—, la psicología social, la salud pública y la filosofía moral contemporánea.

El propósito de esta obra no es transformar las comunidades de vecinos en espacios de vigilancia ni imponer formas de sociabilidad obligatoria, sino reconocer que la proximidad física inherente a la convivencia genera responsabilidades éticas que el ordenamiento jurídico puede y debe facilitar, siempre dentro de los límites infranqueables del respeto a la intimidad y a la autonomía personal. Sobre esta base, se articula un protocolo preventivo respetuoso y proporcionado, estructurado en fases de detección, comunicación, deliberación colegiada y coordinación con los servicios sociales competentes, que permite a las comunidades actuar de manera prudente ante situaciones de grave desamparo.

De forma complementaria, la monografía propone medidas proactivas y criterios interpretativos que sitúan a la comunidad vecinal como un espacio privilegiado de cuidado mutuo y solidaridad cívica, contribuyendo a la construcción de lo que se denomina "comunidades del cuidado": microsociedades en las que la convivencia se fundamenta en el reconocimiento recíproco de la vulnerabilidad compartida y en la responsabilidad común de sostener condiciones de vida dignas.

Emilio Moya Valdés,
Presidente de la sección sexta de la Audiencia Provincial
de Las Palmas.

I.

INTRODUCCIÓN: EL AISLAMIENTO SOCIAL COMO DESAFÍO JURÍDICO CONTEMPORÁNEO

1.1. PLANTEAMIENTO DEL PROBLEMA

La soledad no deseada ha emergido en las últimas décadas como uno de los principales problemas sociales de las sociedades postindustriales. Organismos internacionales, gobiernos nacionales y entidades del tercer sector han alertado de manera reiterada sobre el impacto del aislamiento social en la salud física y mental de millones de personas, poniendo de relieve su incidencia en la morbilidad, la mortalidad prematura y el deterioro de la calidad de vida. Sin embargo, el Derecho —y, en particular, el Derecho civil— no ha abordado todavía esta realidad de forma sistemática en su marco conceptual y normativo.

Las comunidades de propietarios, reguladas en España por la Ley 49/1960, de 21 de julio, sobre Propiedad Horizontal (en adelante, LPH), constituyen espacios de convivencia cotidiana en los que el aislamiento social se manifiesta de manera especialmente visible. Vecinos que no abren sus puertas durante días, personas mayores sin visitas, la acumulación persistente de correspondencia o la aparición de ruidos anómalos procedentes de una vivienda son señales que los residentes perciben con relativa frecuencia, pero ante las cuales la respuesta jurídica tradicional ha sido, por lo general, la inacción, amparada en una interpretación estricta del principio de no injerencia en la vida privada.

Los autores de esta monografía sostienen que dicha postura resulta insuficiente desde una perspectiva iusfilosófica comprometida con la dignidad de la persona y con el mandato constitucional de promoción de las condiciones para que la libertad y la igualdad sean reales y efectivas (art. 9.2 CE). La LPH, lejos de constituir un mero instrumento de ordenación patrimonial, puede y debe ser interpretada, conforme a la Constitución, como un marco normativo que habilita la adopción de medidas preventivas de carácter comunitario frente a situaciones de vulnerabilidad detectadas en el entorno vecinal, especialmente cuando estas puedan comprometer derechos fundamentales básicos.

1.2. OBJETIVOS Y METODOLOGÍA

El objetivo principal de esta obra monográfica es desarrollar una fundamentación jurídica, filosófica, psicológica y ética que permita justificar la integración de medidas preventivas frente a la soledad no deseada en el marco normativo de la Ley de Propiedad Horizontal. Con este propósito, el trabajo adopta una metodología interdisciplinar de carácter integrador, orientada no solo al análisis teórico, sino también a la formulación de propuestas interpretativas y prácticas jurídicamente viables.

La metodología empleada combina los siguientes enfoques:

1. Análisis dogmático-jurídico de los preceptos de la Ley de Propiedad Horizontal susceptibles de una interpretación conforme a la Constitución y orientada a la protección de situaciones de vulnerabilidad.
2. Fundamentación iusfilosófica, a partir de las corrientes del Derecho natural renovado, el personalismo jurídico y la ética del cuidado, como marcos teóricos para una concepción relacional del Derecho civil.

3. Perspectiva psicosocial, centrada en los efectos del aislamiento social y en la relevancia de las redes de apoyo proximal como factor de protección frente a la soledad no deseada.
4. Enfoque constitucional y de derechos fundamentales, con especial atención a la dignidad de la persona, el derecho a la intimidad y la proyección de los derechos sociales en el ámbito de la convivencia vecinal.
5. Propuesta normativa y práctica, materializada en el diseño de un protocolo preventivo de actuación comunitaria, respetuoso con los límites constitucionales y articulado en coordinación con los servicios sociales competentes.

Este planteamiento metodológico permite abordar el fenómeno de la soledad no deseada desde una perspectiva jurídica compleja y realista, integrando el análisis normativo con la reflexión ética y la consideración de su impacto social, y proporcionando una base sólida para las propuestas desarrolladas en los capítulos siguientes.

1.3. ESTRUCTURA DEL TRABAJO

La obra se estructura en una serie de capítulos interrelacionados que responden a un desarrollo progresivo del objeto de estudio. Tras esta introducción, el Capítulo II aborda el fenómeno de la soledad no deseada desde una perspectiva multidisciplinar, incorporando aportaciones de la psicología, la sociología, la salud pública y la ética del cuidado. El Capítulo III se dedica a la exposición de los fundamentos iusfilosóficos que sustentan una concepción solidaria y relacional del Derecho civil.

El Capítulo IV examina el marco constitucional y europeo de protección de los derechos fundamentales implicados, con especial atención a la dignidad de la persona, la intimidad y los derechos sociales. A continuación, el Capítulo V analiza la Ley de Propiedad Horizontal como espacio normativo de convivencia, deteniéndose en la naturaleza jurídica de la comunidad de propietarios y en las funciones que le atribuye el ordenamiento. Sobre esta base, el Capítulo VI desarrolla una reinterpretación constitucional y humanizadora de los principales preceptos de la LPH relevantes para la prevención de situaciones de vulnerabilidad.

El Capítulo VII formula una propuesta concreta de protocolo preventivo de actuación comunitaria, mientras que el Capítulo VIII delimita los límites derivados del derecho a la intimidad y de la protección de datos personales. Los Capítulos IX, X y XI amplían el análisis desde una perspectiva preventiva, filosófica y psicosocial, profundizando en la construcción de comunidades del cuidado, la ética del cuidado comunitario y la relevancia de las redes de apoyo proximal.

Finalmente, el Capítulo XII sitúa la reflexión en un marco más amplio de transformación social, el Capítulo XIII recoge propuestas de reforma legislativa y práctica, y el Capítulo XIV ofrece las conclusiones finales, integrando los principales argumentos desarrollados y apuntando líneas de actuación futura. La obra se cierra con el correspondiente apartado de referencias bibliográficas.

II.
La soledad no deseada: aproximación multidisciplinar

2.1. CONCEPTO Y TIPOLOGÍA

La soledad no deseada ha sido definida por Cruz Roja Española (2023) como «un sentimiento doloroso que aparece cuando las relaciones sociales de una persona no satisfacen sus expectativas, tanto en cantidad como en calidad». Esta definición pone de relieve la dimensión subjetiva del fenómeno, en la medida en que remite a la experiencia vivida por la persona afectada, pero no excluye su posible objetivación a través de la constatación empírica de redes de apoyo insuficientes o inexistentes.

Desde una perspectiva analítica, resulta conveniente distinguir entre las siguientes categorías:

1. Soledad objetiva o aislamiento social, caracterizada por la ausencia o insuficiencia de contactos sociales, susceptible de ser medida mediante indicadores externos tales como la frecuencia de interacciones, el tamaño de la red social o el grado de participación en actividades comunitarias.

2. Soledad subjetiva o emocional, entendida como el sentimiento de desconexión afectiva o falta de vínculos sig-

nificativos, incluso cuando existen contactos sociales formales o superficiales.

3. Soledad no deseada, que se refiere específicamente a aquella situación de aislamiento que la persona no ha elegido libremente y que experimenta como una carencia dolorosa, con potencial impacto negativo sobre su bienestar y su dignidad personal.

A efectos jurídicos, reviste especial relevancia la concurrencia de un aislamiento social objetivable junto con indicadores de vulnerabilidad —como la edad avanzada, la discapacidad, la enfermedad crónica o la precariedad económica—, pues es en estos supuestos donde la inacción del entorno comunitario puede tener consecuencias especialmente graves para la vida, la salud o la integridad de las personas afectadas.

2.2. DIMENSIÓN PSICOLÓGICA: EFECTOS EN LA SALUD MENTAL

Desde la psicología, el aislamiento social prolongado se ha identificado como un factor de riesgo relevante para la salud mental. Numerosos estudios han puesto de manifiesto la existencia de una correlación significativa entre la soledad crónica y diversos procesos de deterioro psicológico, entre los que destacan, en particular, los siguientes:

1. Deterioro cognitivo, con un aumento del riesgo de demencia y enfermedad de Alzheimer, especialmente en personas de edad avanzada, como evidencian los estudios longitudinales de Holwerda et al. (2014).
2. Trastornos afectivos, tales como la depresión mayor, los trastornos de ansiedad generalizada y la ideación suicida, asociados a la percepción persistente de aislamiento y falta de apoyo emocional.
3. Alteraciones conductuales, que se manifiestan en el abandono progresivo del autocuidado, el incremento de

conductas de riesgo o el consumo problemático de sustancias.

Desde la teoría del apego, desarrollada por John Bowlby (1969), y desde la psicología evolutiva, el ser humano es concebido como un ser fundamentalmente relacional, cuya necesidad de vinculación no desaparece con la edad adulta. Por el contrario, el envejecimiento, la enfermedad o la pérdida de referentes vitales incrementan la dependencia de redes de apoyo emocional y práctico. Cuando dichas redes se erosionan o desaparecen, la persona queda expuesta a una situación de especial vulnerabilidad psicológica, caracterizada por el sentimiento de desamparo y la pérdida de sentido de pertenencia.

En este contexto, la comunidad de vecinos puede desempeñar una función relevante como red de apoyo secundaria que, sin sustituir a la familia ni a los vínculos íntimos, ofrece un nivel básico de reconocimiento, interacción ocasional y atención informal. La posibilidad de intercambios cotidianos mínimos —un saludo, una breve conversación en el ascensor, la percepción de que la ausencia prolongada sería advertida— ha sido identificada como un factor protector frente al deterioro psicológico, al contribuir a mantener la percepción de conexión social y seguridad subjetiva.

Desde una perspectiva jurídica, estos efectos psicológicos adquieren especial relevancia en la medida en que el deterioro de la salud mental asociado al aislamiento puede comprometer el ejercicio efectivo de derechos fundamentales y agravar situaciones de vulnerabilidad, justificando la atención preventiva del entorno comunitario en los términos que se desarrollan en los capítulos posteriores.

2.3. DIMENSIÓN SOCIOLÓGICA: INDIVIDUALIZACIÓN Y CRISIS DEL VÍNCULO

Desde la sociología, diversos autores han analizado la progresiva erosión de los vínculos sociales en las sociedades con-

temporáneas. En este sentido, Zygmunt Bauman (2003) descri-
bió la modernidad tardía como una "sociedad líquida",
caracterizada por la fragilidad de las relaciones interpersonales, la primacía de vínculos instrumentales y la dificultad para
sostener compromisos duraderos. Factores como la urbaniza-
ción acelerada, la movilidad laboral, la fragmentación de las
estructuras familiares y la creciente digitalización de las interacciones han contribuido a debilitar las formas tradicionales
de solidaridad vecinal.

Por su parte, Robert Putnam (2000), en su influyente obra
Bowling Alone, documentó el declive del capital social en Estados Unidos a través de indicadores como la disminución de la
participación en asociaciones voluntarias, clubes cívicos o espacios de encuentro comunitario. Este fenómeno, ampliamente
constatado también en el contexto europeo, tiene consecuencias directas sobre la capacidad de las comunidades locales
para generar confianza, cooperación y respuestas colectivas
frente a situaciones de vulnerabilidad individual.

En este contexto, resulta especialmente significativa la para-
doja de las sociedades urbanas contemporáneas: mientras au-
menta la densidad poblacional, se intensifica la experiencia de
soledad. Las comunidades de propietarios pueden albergar decenas de viviendas en las que los residentes apenas mantienen
contacto entre sí, hasta el punto de desconocer incluso la identidad de quienes comparten el mismo espacio residencial. Esta
situación puede ser interpretada como una manifestación de la
anomia social, en el sentido clásico formulado por **Émile**
Durkheim (1897), entendida como la debilitación de las normas y vínculos que cohesionan la vida colectiva.

Esta crisis del vínculo no constituye únicamente un problema sociológico, sino que plantea un desafío jurídico de primer
orden: cómo garantizar la efectividad de la dignidad y de los
derechos fundamentales en espacios de convivencia caracterizados por la indiferencia relacional. Desde esta perspectiva, el
análisis sociológico aporta un marco explicativo indispensable
para comprender por qué la inacción comunitaria frente a la
soledad no deseada no es un fenómeno aislado, sino el reflejo

de transformaciones estructurales que el Derecho no puede ignorar.

2.4. DIMENSIÓN SANITARIA: LA SOLEDAD COMO FACTOR DE RIESGO

La epidemiología social ha puesto de manifiesto que el aislamiento social constituye un factor de riesgo relevante para la salud, comparable, en términos de impacto, a otros determinantes ampliamente reconocidos como el tabaquismo o la obesidad. En este sentido, Holt-Lunstad et al. (2015), en un metaanálisis que incluyó a más de tres millones de participantes, concluyeron que la soledad y el aislamiento social se asocian con un incremento aproximado del 26 % en el riesgo de mortalidad prematura.

La literatura científica ha identificado diversos mecanismos a través de los cuales el aislamiento social incide negativamente en la salud, entre los que cabe destacar:

1. Vías fisiológicas, como la activación crónica del eje hipotálamo-hipófisis-adrenal, el aumento de procesos inflamatorios sistémicos y la aparición de alteraciones cardiovasculares.
2. Vías conductuales, que se traducen en una menor adherencia a los tratamientos médicos, hábitos alimentarios menos saludables y un incremento del sedentarismo.
3. Vías psicológicas, relacionadas con la desesperanza, la pérdida de motivación vital y el deterioro progresivo del autocuidado.

Desde la perspectiva de la salud pública, esta evidencia ha llevado a considerar la prevención de la soledad no deseada como una estrategia de salud comunitaria, orientada a reducir riesgos antes de que se manifiesten de forma irreversible. En este contexto, las comunidades de propietarios pueden desempeñar un papel relevante como entornos de detección temprana de signos de deterioro funcional o sanitario, sin asumir funciones asistenciales, pero contribuyendo de manera proporcionada y respetuosa a la activación de los mecanismos institucionales de protección cuando concurren situaciones de especial vulnerabilidad.

Desde una perspectiva jurídica, esta dimensión sanitaria refuerza la legitimidad de las actuaciones preventivas del entorno comunitario, en la medida en que la inacción frente a indicadores claros de aislamiento puede agravar riesgos para la vida y la salud, bienes constitucionalmente protegidos.

2.5. DIMENSIÓN ÉTICA: EL IMPERATIVO DEL CUIDADO

Desde la filosofía moral contemporánea, la ética del cuidado —desarrollada, entre otras, por Carol Gilligan (1982), Nel Noddings (1984) y Joan Tronto (1993)— ha cuestionado la hegemonía de modelos éticos centrados exclusivamente en la autonomía individual y en una concepción abstracta de los derechos. Frente a los enfoques liberal-individualistas que privilegian la no interferencia, la ética del cuidado subraya la interdependencia constitutiva de los seres humanos y la existencia de responsabilidades relacionales derivadas de la vulnerabilidad compartida.

En este marco, Joan Tronto define el cuidado como «una actividad característica de la especie humana que incluye todo lo que hacemos para mantener, continuar y reparar nuestro mundo, de manera que podamos vivir en él lo mejor posible». Desde esta perspectiva, el cuidado no se configura como una conducta supererogatoria —esto es, situada más allá del deber—, sino como una exigencia ética fundamental vinculada a la condición vulnerable y relacional de la persona.

Por su parte, Martha Nussbaum (2007), desde la teoría de las capacidades, ha sostenido que las sociedades justas deben garantizar a todos sus miembros un umbral mínimo de capacidades funcionales, entre las que destaca la capacidad de afiliación, entendida como la posibilidad real de vivir con otros y de contar con las bases sociales del autorrespeto. La soledad no deseada puede interpretarse, en este sentido, como una forma de privación de dicha capacidad básica, lo que convierte su prevención en una cuestión de justicia social y no meramente de benevolencia privada.

Aplicado al ámbito vecinal, este enfoque implica reconocer que los miembros de una comunidad de propietarios no son únicamente copropietarios que comparten gastos y elementos comunes, sino cohabitantes que comparten un espacio vital de proximidad cotidiana. De esta proximidad surgen responsabilidades éticas de atención mutua que no se traducen automáticamente en deberes jurídicos exigibles de forma coercitiva en todos los casos, pero que sí constituyen un criterio normativo relevante para la interpretación del Derecho civil. En situaciones de especial vulnerabilidad, el ordenamiento jurídico puede y debe reconocer, facilitar y, de manera excepcional, reforzar estas exigencias éticas, siempre dentro del respeto a la autonomía personal y a los límites constitucionales.

III.

FUNDAMENTOS IUSFILOSÓFICOS DE UNA CONCEPCIÓN SOLIDARIA DEL DERECHO CIVIL

3.1. DEL INDIVIDUALISMO POSESIVO A LA FUNCIÓN SOCIAL DE LA PROPIEDAD

La concepción liberal-burguesa del Derecho civil, consolidada en el siglo XIX, se construyó sobre un determinado modelo antropológico que enfatizaba la autonomía individual, la racionalidad instrumental y la centralidad de la propiedad privada como eje de la libertad personal y económica. En este contexto, el sujeto de Derecho era concebido, de forma predominante, como un individuo propietario que perseguía su interés particular a través de relaciones contractuales voluntarias. El derecho de propiedad se configuraba doctrinalmente como un poder amplio, exclusivo y duradero sobre las cosas, reflejado en el artículo 348 del Código Civil español.

Esta concepción comenzó a ser cuestionada a comienzos del siglo XX por diversas corrientes iusfilosóficas y político-jurídicas que pusieron de relieve la dimensión social del Derecho y la insuficiencia de un modelo puramente individualista para responder a las necesidades de sociedades crecientemente interdependientes. En este marco, Léon Duguit (1912) formuló una crítica decisiva al entendimiento clásico de la propiedad como derecho subjetivo absoluto, sosteniendo que esta debía ser concebida como una función social, en virtud de la cual el propietario asume el deber de utilizar sus bienes de modo compatible con el interés general y el bienestar colectivo.

Esta idea fue progresivamente incorporada al constitucionalismo social del siglo XX. Así, la Constitución de Weimar de 1919 proclamó expresamente que «la propiedad obliga» (*Eigentum verpflichtet*), anticipando una concepción de los derechos patrimoniales inseparable de sus responsabilidades sociales. En el ordenamiento español, la Constitución de 1978 recoge este planteamiento al establecer en su artículo 33.2 que «la función social de estos derechos [propiedad y herencia] delimitará su contenido, de acuerdo con las leyes».

La jurisprudencia constitucional ha precisado que la función social de la propiedad no opera como un límite externo impuesto desde fuera del derecho, sino como un elemento constitutivo de su propio contenido. En particular, la STC 37/1987 afirmó que el derecho de propiedad se define no solo por las facultades que atribuye a su titular, sino también por las obligaciones que incorpora, tales como el deber de conservación de los bienes, el respeto al entorno y la contribución al interés general conforme a la ley.

En el ámbito específico de la propiedad horizontal, esta dimensión social adquiere una intensidad particular. Los propietarios no solo asumen deberes derivados de la organización patrimonial de la comunidad, sino también responsabilidades vinculadas a la convivencia en un espacio residencial compartido. Desde una interpretación evolutiva y constitucionalmente orientada, estas responsabilidades pueden proyectarse, de manera limitada y prudente, sobre la atención a situaciones de vulnerabilidad que afecten a otros residentes y que puedan comprometer su dignidad o el ejercicio efectivo de derechos fundamentales, sin convertir dicha atención en un deber jurídico generalizado ni coercitivo, pero sí como un criterio relevante para la interpretación del Derecho civil en contextos de convivencia.

3.2. PERSONALISMO JURÍDICO Y CENTRALIDAD DE LA DIGNIDAD HUMANA

El personalismo jurídico, como corriente filosófico-jurídica desarrollada a lo largo del siglo XX por autores como Jacques Maritain, Emmanuel Mounier y, en el ámbito español, Luis Legaz y Lacambra, sostiene que el ordenamiento jurídico debe orientarse a la realización integral de la persona humana. Desde esta perspectiva, la persona no es concebida como un individuo aislado y autosuficiente, sino como un ser relacional, dotado de una dignidad intrínseca, cuyo desarrollo vital se produce necesariamente en el seno de la comunidad.

La dignidad humana, consagrada en el artículo 10.1 de la Constitución Española, no se configura únicamente como un derecho subjetivo, sino como el fundamento del orden político y de la paz social, lo que implica que todo el sistema jurídico debe interpretarse de conformidad con dicho principio. En este sentido, la dignidad actúa como criterio hermenéutico transversal que informa la interpretación y aplicación de las normas jurídicas, también en el ámbito del Derecho civil.

Ahora bien, la dignidad humana no se agota en una concepción negativa de la autonomía entendida como mera libertad frente a injerencias externas. La doctrina constitucional ha subrayado reiteradamente que la dignidad comporta también una dimensión positiva, vinculada a la exigencia de condiciones materiales y relacionales mínimas que hagan posible el desarrollo de una vida conforme a la condición humana. Así lo ha afirmado el Tribunal Constitucional, al poner de relieve que la dignidad implica tanto la capacidad de autodeterminación como el reconocimiento de la persona en su dimensión vulnerable y necesitada de protección (entre otras, STC 53/1985).

Desde esta perspectiva, la soledad no deseada, cuando alcanza niveles extremos, puede comprometer gravemente la dignidad de la persona. Situaciones de aislamiento prolongado que impiden el acceso a ayuda básica, el mantenimiento del autocuidado o el contacto humano mínimo afectan al núcleo mismo de la dignidad personal, con independencia de la titularidad dominical de la vivienda en la que se produzcan.

El personalismo jurídico invita, por tanto, a plantear un problema de interpretación normativa relevante: si resulta compatible con el principio constitucional de dignidad humana una lectura del Derecho civil —y, en particular, de la Ley de Propiedad Horizontal— que excluya de manera absoluta cualquier forma de actuación comunitaria incluso en presencia de indicios graves de riesgo para la vida, la salud o la integridad de las personas. Esta cuestión no se formula en términos de imposición moral, sino como un interrogante jurídico legítimo sobre el alcance de las categorías clásicas del Derecho civil a la luz de los valores constitucionales.

3.3. EL PRINCIPIO DE SOLIDARIDAD COMO PRINCIPIO JURÍDICO

La Constitución Española de 1978 proclama en su artículo 1.1 que España se constituye en un Estado social y democrático de Derecho, fórmula que incorpora, junto a los valores expresamente enumerados, una concepción del ordenamiento jurídico orientada a la cohesión social y a la corrección de las desigualdades materiales. En este marco, la solidaridad se configura como un principio constitucional implícito, derivado del carácter social del Estado y reforzado por otros preceptos constitucionales, como el artículo 9.2 CE, que impone a los poderes públicos la promoción de las condiciones para que la libertad y la igualdad sean reales y efectivas, o el artículo 2 CE, que proclama la solidaridad como principio estructural del modelo territorial.

Desde una perspectiva jurídica, la solidaridad expresa el reconocimiento de la interdependencia social y la existencia de deberes de cooperación orientados al bienestar común. Aunque este principio se proyecta con especial intensidad en el ámbito del Derecho público, no es ajeno al Derecho privado, donde encuentra manifestaciones normativas concretas. Un

ejemplo paradigmático lo constituye la gestión de negocios ajenos sin mandato, regulada en los artículos 1888 y siguientes
del Código Civil, que permite actuar en beneficio de otro incluso sin su consentimiento previo cuando concurren circunstancias que lo justifican, precisamente sobre la base de un deber
de solidaridad.

La solidaridad también se refleja en los deberes jurídicos de
auxilio y socorro. Así, el artículo 195 del Código Penal tipifica
como delito la omisión del deber de socorro cuando se encuentre a una persona desamparada y en peligro manifiesto y
grave. Si bien este precepto penal no resulta directamente aplicable a las comunidades de propietarios ni puede trasladarse
mecánicamente al ámbito civil, su existencia revela la presencia
en el ordenamiento de un principio jurídico general conforme
al cual nadie puede permanecer indiferente ante situaciones de
grave desamparo ajeno.

Trasladado al ámbito de la Ley de Propiedad Horizontal, el
principio de solidaridad permite fundamentar, desde una interpretación constitucionalmente orientada, la legitimidad de determinadas actuaciones preventivas y protectoras por parte de
la comunidad cuando se detectan situaciones de aislamiento
que puedan comprometer derechos fundamentales. No se trata
de imponer formas de sociabilidad obligatoria ni de generar
deberes jurídicos generales de cuidado, sino de evitar que la
autonomía personal derive en situaciones de abandono incompatible con los valores propios de un Estado social de Derecho.

3.4. COMUNITARISMO MODERADO Y BIEN COMÚN VECINAL

Las teorías comunitaristas contemporáneas, representadas
por autores como Michael Sandel, Alasdair MacIntyre o Charles
Taylor, han formulado una crítica al atomismo social propio de
ciertas versiones del liberalismo radical, subrayando que las
personas se constituyen en comunidades de sentido y que la
identidad personal posee una dimensión narrativa y relacional.

Frente a una concepción estrictamente individualista del sujeto de Derecho, estas corrientes destacan el papel de las comunidades intermedias en la formación de la identidad y en el sostenimiento de vínculos de apoyo mutuo.

Ahora bien, el comunitarismo no está exento de riesgos cuando se formula en términos extremos, en la medida en que puede llegar a diluir la autonomía individual en favor de la comunidad. Por ello, resulta especialmente relevante una aproximación de comunitarismo moderado, compatible con el constitucionalismo de los derechos fundamentales, que reconoce el valor de las comunidades intermedias —como la familia, el vecindario o las asociaciones— sin subordinar la persona al grupo.

Desde esta perspectiva, la comunidad de propietarios puede concebirse como una comunidad de convivencia que, sin anular la esfera privada de cada vivienda, genera un espacio compartido en el que emergen vínculos de reconocimiento, confianza y cooperación. El bien común vecinal no se reduce, así, al mantenimiento material del edificio o a la correcta gestión de los elementos comunes, sino que incluye una dimensión relacional: la creación de un entorno de convivencia digna, segura y respetuosa con la vulnerabilidad de quienes lo habitan.

En este contexto, la prevención de la soledad no deseada no constituye una intromisión indebida en la vida privada, sino una contribución legítima al bien común vecinal. Una comunidad que favorece el cuidado mutuo y la atención a situaciones de vulnerabilidad es, desde esta óptica, una comunidad más cohesionada, más resiliente y, en última instancia, más acorde con los valores propios de un Estado social y democrático de Derecho.

3.5. DERECHO Y MORAL: EL PAPEL DE LAS VIRTUDES CÍVICAS

La filosofía del Derecho ha mantenido tradicionalmente una distinción clara entre Derecho y moral, subrayando que el ordenamiento jurídico no puede ni debe imponer la virtud ni regular exhaustivamente la vida moral de las personas. No obstante, esta separación no implica que el Derecho sea axiológicamente neutro. Por el contrario, el Derecho puede desempeñar una función relevante en la promoción y facilitación de las virtudes cívicas, tales como la prudencia, la justicia, la solidaridad o la responsabilidad social.

Desde esta perspectiva, la Ley de Propiedad Horizontal, interpretada de forma estrictamente patrimonialista, puede generar una cultura vecinal basada en la desconfianza, la indiferencia y la litigiosidad. En cambio, una interpretación constitucionalmente orientada y sensible a la dimensión relacional de la convivencia permite concebir la LPH como un marco institucional que favorece —o, al menos, no obstaculiza— el desarrollo de prácticas de cuidado mutuo y cooperación vecinal.

Ello no implica una juridificación de la vida moral ni la imposición coercitiva de comportamientos solidarios, sino el reconocimiento de que el Derecho cumple también una función pedagógica y orientadora: legitima determinadas conductas, desincentiva otras y contribuye a configurar expectativas sociales. Desde esta óptica, una interpretación humanizadora de la LPH puede servir de estímulo para que las comunidades desarrollen de manera voluntaria protocolos de atención vecinal y mecanismos de apoyo mutuo, sin sustituir la intervención de los poderes públicos, pero complementándola en el ámbito de la convivencia cotidiana.

IV.

MARCO CONSTITUCIONAL Y EUROPEO DE PROTECCIÓN

4.1. LA DIGNIDAD HUMANA COMO PRINCIPIO RECTOR (ARTÍCULO 10.1 CE)

Como ya se ha señalado, la dignidad de la persona constituye el fundamento del orden político y de la paz social, conforme proclama el artículo 10.1 de la Constitución Española. El Tribunal Constitucional ha reiterado que la dignidad es un valor espiritual y moral inherente a toda persona, que debe informar la interpretación y aplicación de todo el ordenamiento jurídico (entre otras, STC 53/1985).

En relación con la soledad no deseada, el principio de dignidad exige que las personas no sean tratadas como meros sujetos pasivos de indiferencia social. Las situaciones de exclusión extrema, abandono prolongado o desamparo relacional afectan al núcleo de la dignidad humana en la medida en que privan a la persona de las condiciones mínimas para el desarrollo de una vida conforme a su condición humana, aunque su naturaleza jurídica sea distinta de otras vulneraciones graves de derechos fundamentales.

Desde el Derecho constitucional comparado, resulta ilustrativa la doctrina del Tribunal Constitucional Federal alemán, que en su sentencia BVerfGE 125, 175 ((Arbeitslosegeld II o Hartz IV) afirmó que el Estado debe garantizar un mínimo existencial

(*Existenzminimum*) que no se limita a la subsistencia material, sino que incluye la posibilidad real de participación social. Bundesverfassungsgericht 1 BvL 1/09, 1 BvL 3/09, 1 BvL 4/09, Judgment of 9 February 2010. Aunque esta doctrina se formula en el ámbito de las prestaciones sociales y se dirige directamente a los poderes públicos, su fundamento axiológico —la indisociable relación entre dignidad y participación social— resulta relevante para comprender que una vida humana digna no puede concebirse en términos de aislamiento absoluto. Desde esta perspectiva, el principio de dignidad humana proyecta sus efectos más allá de la estricta relación individuo-Estado y ofrece criterios interpretativos para valorar la legitimidad de actuaciones preventivas en contextos de convivencia cotidiana, sin trasladar mecánicamente a las comunidades intermedias obligaciones propias de los poderes públicos.

4.2. EL MANDATO DE PROMOCIÓN DE LA IGUALDAD REAL (ARTÍCULO 9.2 CE)

El artículo 9.2 de la Constitución Española impone a los poderes públicos la obligación de promover las condiciones para que la libertad y la igualdad del individuo y de los grupos en que se integra sean reales y efectivas, así como de remover los obstáculos que impidan o dificulten su plenitud y facilitar la participación de todos los ciudadanos en la vida política, económica, cultural y social.

Este precepto representa uno de los pilares del Estado social, al superar un modelo constitucional puramente abstencionista y atribuir a los poderes públicos un papel activo en la creación de condiciones materiales y sociales que hagan posible el ejercicio efectivo de los derechos. La igualdad real no se satisface con la mera proclamación formal de derechos, sino que exige una intervención orientada a compensar situaciones de desventaja estructural.

Ahora bien, la promoción de la igualdad real no es una tarea exclusiva del Estado en sentido estricto. En una sociedad compleja, las comunidades intermedias —entre ellas, las comunidades de propietarios— pueden desempeñar un papel complementario en la detección y atenuación de situaciones de exclusión social, siempre dentro del marco de sus competencias y sin sustituir la responsabilidad principal de los poderes públicos. El aislamiento social constituye un obstáculo relevante para la participación plena en la vida social, y su remoción, aun siendo prioritariamente una función estatal, admite formas de cooperación social que refuercen la efectividad de los valores constitucionales.

4.3. DERECHO A LA INTIMIDAD PERSONAL Y FAMILIAR (ARTÍCULO 18 CE)

El derecho a la intimidad personal y familiar, reconocido en el artículo 18.1 de la Constitución Española, protege un ámbito reservado de la vida de la persona, excluido del conocimiento ajeno y de las injerencias tanto de los poderes públicos como de terceros. El Tribunal Constitucional ha definido este derecho como la facultad de toda persona para «poseer un ámbito propio y reservado frente a la acción y el conocimiento de los demás» (entre otras, STC 231/1988).

Este derecho fundamental actúa como límite infranqueable de cualquier actuación comunitaria orientada a la prevención de la soledad no deseada. En particular, resultan constitucionalmente inadmisibles actuaciones tales como la entrada en domicilios sin el consentimiento del titular o la correspondiente autorización judicial, la recopilación sistemática de información sensible sobre la vida privada de los vecinos, la imposición de formas de participación social obligatoria o la divulgación de datos relativos a situaciones de vulnerabilidad sin base legal o consentimiento expreso.

No obstante, el derecho a la intimidad no tiene carácter absoluto. La doctrina constitucional ha reconocido que puede ceder, de manera excepcional, cuando concurren otros derechos fundamentales o bienes constitucionales de igual o superior rango, siempre que la injerencia sea necesaria, idónea y proporcionada (entre otras, STC 207/1996). En supuestos extremos, la existencia de indicios objetivos de riesgo grave e inminente para la vida o la salud puede justificar la activación de mecanismos de auxilio o la comunicación con los servicios de emergencia, sin que ello suponga una habilitación general para la injerencia en la esfera íntima de la persona.

El equilibrio entre solidaridad e intimidad constituye, así, uno de los ejes centrales de la interpretación que aquí se propone: máximo respeto a la autonomía personal y a la esfera privada, junto con la posibilidad de actuaciones proporcionadas y puntuales cuando el aislamiento compromete bienes constitucionales básicos como la vida, la salud o la dignidad.

4.4. EL CONVENIO EUROPEO DE DERECHOS HUMANOS Y LA JURISPRUDENCIA DE ESTRASBURGO

El artículo 8 del Convenio Europeo de Derechos Humanos reconoce el derecho al respeto de la vida privada y familiar. El Tribunal Europeo de Derechos Humanos (TEDH) ha desarrollado una consolidada jurisprudencia en torno a este precepto, distinguiendo entre obligaciones negativas de los Estados (no interferir arbitrariamente) y obligaciones positivas dirigidas a garantizar el disfrute efectivo del derecho en contextos de especial vulnerabilidad.

En el asunto Botta v. Italia (1998), el TEDH reconoció que el artículo 8 CEDH puede imponer a los Estados la adopción de medidas positivas destinadas a permitir a las personas con discapacidad desarrollar relaciones sociales efectivas. En Pretty v. Reino Unido (2002), el Tribunal afirmó que la vida privada comprende aspectos esenciales de la calidad de vida y de la dignidad personal, incluso en las fases finales de la existencia.

Más recientemente, en McDonald v. Reino Unido (2014), el TEDH examinó la reducción de asistencia domiciliaria nocturna a una persona con discapacidad, considerando que dicha medida afectaba gravemente a su dignidad y a su vida privada, aunque finalmente no apreció violación del Convenio en atención al margen de apreciación estatal en materia de recursos. Esta jurisprudencia pone de relieve que la protección de la vida privada no se limita a la ausencia de injerencias, sino que puede requerir actuaciones positivas para evitar situaciones de deshumanización o abandono.

Aunque estos pronunciamientos se refieren directamente a obligaciones estatales, su doctrina resulta relevante como criterio interpretativo para valorar el alcance de las actuaciones preventivas en contextos de convivencia cotidiana. Sin trasladar mecánicamente deberes propios del Estado a las comunidades de propietarios, la jurisprudencia de Estrasburgo refuerza la idea de que la protección de la dignidad y de la vida privada exige, en determinadas circunstancias, una respuesta coordinada frente a situaciones de aislamiento extremo, siempre dentro del respeto a la legalidad y a los derechos fundamentales.

4.5. LA CARTA DE LOS DERECHOS FUNDAMENTALES DE LA UNIÓN EUROPEA

La Carta de los Derechos Fundamentales de la Unión Europea (CDFUE), dotada de valor jurídico vinculante desde la entrada en vigor del Tratado de Lisboa (artículo 6 del Tratado de la Unión Europea), reconoce en su artículo 1 la dignidad humana como un valor inviolable que debe ser respetado y protegido. Asimismo, el artículo 25 proclama el derecho de las personas mayores «a llevar una vida digna e independiente y a participar en la vida social y cultural».

Este último precepto reviste una especial relevancia en el análisis de la soledad no deseada. El reconocimiento del derecho a la participación social de las personas mayores pone de manifiesto que la dignidad no se satisface únicamente mediante la garantía de la subsistencia material, sino que exige condiciones que permitan el mantenimiento de vínculos sociales significativos y la integración en la comunidad. Aunque el artículo 25 CDFUE se configura, conforme al artículo 52.5 de la propia Carta, como un principio que debe ser observado en la interpretación y aplicación del Derecho de la Unión, su contenido posee una clara proyección material y prestacional, en la medida en que orienta la actuación de los poderes públicos hacia la creación de apoyos adecuados frente a situaciones de exclusión.

Si bien la Carta se dirige principalmente a las instituciones de la Unión y a los Estados miembros únicamente cuando aplican Derecho de la Unión, expresa con claridad un principio estructural del constitucionalismo europeo: la exclusión social, el aislamiento extremo y la soledad no deseada de las personas mayores resultan incompatibles con los valores fundamentales sobre los que se asienta la Unión Europea. Desde esta perspectiva, la CDFUE ofrece un marco axiológico relevante para interpretar el Derecho interno, reforzando una lectura del Derecho civil y de la Ley de Propiedad Horizontal sensible a la dignidad, la participación social y la protección de las personas en situación de vulnerabilidad.

V.
LA LEY DE PROPIEDAD HORIZONTAL COMO ESPACIO NORMATIVO DE CONVIVENCIA SOLIDARIA

5.1. NATURALEZA JURÍDICA DE LA COMUNIDAD DE PROPIETARIOS

La comunidad de propietarios, regulada por la Ley de Propiedad Horizontal, presenta una naturaleza jurídica compleja. Tradicionalmente, la doctrina civilista la ha caracterizado como una comunidad de tipo germánico, en la que coexisten la propiedad exclusiva sobre los pisos o locales y una copropiedad forzosa e inseparable sobre los elementos comunes del inmueble.

No obstante, reducir la comunidad de propietarios a una mera relación de cotitularidad resulta insuficiente para explicar su funcionamiento jurídico real. La LPH configura un ente sin personalidad jurídica propia, pero dotado de una estructura organizativa estable, con órganos de gobierno definidos —Junta de Propietarios, Presidente y Administrador—, patrimonio separado y capacidad para ser parte en procesos judiciales, así como con un denso entramado de derechos y deberes recíprocos entre los comuneros.

Más allá de su dimensión patrimonial, la comunidad de propietarios constituye un espacio de convivencia cotidiana. La proximidad física inherente a la vida en un edificio sometido al régimen de propiedad horizontal genera relaciones continuadas entre los residentes y una interdependencia práctica que trasciende la mera titularidad dominical. El comportamiento individual de cada propietario u ocupante incide necesariamente en el bienestar colectivo, del mismo modo que la calidad de la convivencia comunitaria repercute directamente en la calidad de vida individual.

Desde esta perspectiva, la comunidad de propietarios puede concebirse como un microsistema de convivencia regulada, en el que los deberes jurídicos de respeto, uso adecuado de los elementos comunes y conservación del inmueble se proyectan sobre un marco relacional que hace posible, sin imponerla, una cierta solidaridad vecinal y una atención básica a situaciones de vulnerabilidad que puedan manifestarse en el entorno comunitario.

5.2. FINES Y FUNCIONES DE LA COMUNIDAD EN LA LPH

La Ley de Propiedad Horizontal atribuye a la comunidad de propietarios una serie de fines y funciones que no se agotan en la mera gestión económica del inmueble. Así, el artículo 9 LPH enumera los deberes básicos de los propietarios, entre los que destacan el respeto a las instalaciones generales de la comunidad, el adecuado uso de los elementos comunes y la observancia de las normas de convivencia establecidas por la Junta de Propietarios.

Por su parte, el artículo 10 LPH impone a la comunidad la obligación de realizar las obras necesarias para el adecuado mantenimiento y conservación del inmueble, incluyendo aquellas exigidas por razones de seguridad, habitabilidad y accesibilidad. Estas obligaciones ponen de relieve que el "adecuado sostenimiento" del edificio no se limita a una dimensión puramente material, sino que incorpora la preservación de condiciones mínimas de seguridad y bienestar para quienes lo habitan.

El artículo 14 LPH atribuye a la Junta de Propietarios amplias competencias para adoptar acuerdos relativos al buen régimen de la comunidad, al adecuado sostenimiento de los elementos comunes y a la regulación de los servicios generales del edificio. Esta cláusula general de competencia permite a la Junta, desde una interpretación sistemática y conforme a la Constitución, adoptar medidas organizativas y preventivas orientadas a garantizar una convivencia digna, siempre que tales medidas respeten los derechos fundamentales de los propietarios y ocupantes y no supongan injerencias ilegítimas en su esfera privada.

Desde esta óptica, la LPH ofrece un marco normativo que, sin imponer deberes generales de cuidado personal, permite articular respuestas comunitarias prudentes y proporcionadas ante situaciones que puedan afectar gravemente a la seguridad, la dignidad o el bienestar de las personas que integran la comunidad.

5.3. EL ADMINISTRADOR COMO GARANTE DEL BUEN RÉGIMEN DE LA CASA

El artículo 20 de la Ley de Propiedad Horizontal regula la figura del administrador, atribuyéndole, entre otras funciones, la de velar por el buen régimen de la casa, de sus instalaciones y de sus servicios (artículo 20.a LPH). Esta función no se limita a una gestión meramente contable o administrativa, sino que comporta un deber de diligencia y supervisión funcional orientado a garantizar el adecuado funcionamiento de la comunidad conforme a la ley y a los acuerdos adoptados.

Desde esta perspectiva, el administrador diligente debe atender, en primer término, a los aspectos materiales del inmueble —estado de conservación, seguridad, salubridad y correcto uso de los elementos comunes—, pero también puede advertir la existencia de circunstancias objetivas anómalas que afecten al buen régimen de la casa. Entre ellas pueden encontrarse situaciones como la acumulación prolongada de correspondencia en zonas comunes, la presencia de olores persistentes procedentes de una vivienda que comprometan la salubridad, la detección de ruidos continuados o, por el contrario, la ausencia prolongada de cualquier actividad en inmuebles habitualmente ocupados, en la medida en que tales circunstancias repercuten en la convivencia o en la seguridad del edificio.

La jurisprudencia ha reconocido que los administradores de fincas ostentan deberes de diligencia que no se agotan en la dimensión patrimonial. Así, en supuestos de acumulación compulsiva de residuos (síndrome de Diógenes), los tribunales han considerado legítima la actuación de las comunidades de propietarios que, tras constatar riesgos para la salubridad o la seguridad del inmueble, procedieron a comunicar la situación a los servicios sociales o a solicitar las autorizaciones judiciales oportunas para intervenir en los elementos afectados (por ejemplo STS 589/2021, de 8 de septiembre de 2021, Tribunal Supremo, Sala de lo Civil).

Estos precedentes ponen de relieve que el administrador y la comunidad de propietarios no son ajenos a las situaciones de grave riesgo que pueden manifestarse en el seno de la convivencia vecinal. No obstante, su papel no es el de sustituir a los poderes públicos ni el de asumir funciones de control personal, sino el de detectar, canalizar y comunicar de manera proporcionada aquellas circunstancias objetivas que, por afectar al buen régimen de la casa o a la seguridad del inmueble, requieran la intervención de las autoridades o servicios competentes.

VI.
Reinterpretación humanizadora de los preceptos de la LPH

6.1. ARTÍCULO 7.2 LPH: PROHIBICIÓN DE ACTIVIDADES MOLESTAS, INSALUBRES, NOCIVAS, PELIGROSAS O ILÍCITAS

El artículo 7.2 de la Ley de Propiedad Horizontal establece que el propietario y el ocupante de un piso o local no pueden desarrollar en él ni en el resto del inmueble actividades prohibidas en los estatutos, que resulten dañosas para la finca o que contravengan las disposiciones generales sobre actividades molestas, insalubres, nocivas, peligrosas o ilícitas.

Tradicionalmente, este precepto ha sido aplicado para impedir actividades económicas o usos anómalos del inmueble que generen molestias relevantes o riesgos objetivos para la comunidad. No obstante, desde una interpretación sistemática y finalista, el artículo 7.2 LPH admite una lectura que comprende también situaciones de abandono o acumulación compulsiva cuando estas generan riesgos sanitarios o de seguridad que trascienden el ámbito estrictamente individual.

Cuando una vivienda se encuentra en un estado de grave insalubridad debido a la acumulación de residuos, la proliferación de plagas o el deterioro estructural, no solo se compromete la salud del ocupante, sino también la de los restantes residentes y la seguridad del inmueble en su conjunto, por riesgos como la propagación de infecciones, la aparición de vectores o la posibilidad de incendios.

En tales supuestos, la comunidad de propietarios se encuentra legitimada para actuar en defensa de los intereses colectivos, pudiendo requerir al propietario u ocupante el cese de la situación y, en caso de inacción, comunicar los hechos a las autoridades competentes —servicios sociales, autoridades sanitarias o judiciales— para que adopten las medidas oportunas. Esta actuación, de carácter indirecto y no invasivo, responde a un interés legítimo de protección de la salud pública y de la seguridad colectiva y no supone, por sí misma, una vulneración del derecho a la intimidad cuando se realiza de forma proporcionada y respetuosa con la legalidad.

6.2. ARTÍCULO 9 LPH: DEBERES DE LOS PROPIETARIOS Y OCUPANTES

El artículo 9 de la Ley de Propiedad Horizontal enumera los principales deberes de los propietarios, entre los que destacan el respeto a las instalaciones generales y a las normas de la comunidad (artículo 9.1.b), la tolerancia frente a la realización de reparaciones necesarias (artículo 9.1.c), la obligación de comunicar daños o desperfectos en la finca (artículo 9.1.d) y el deber de permitir el acceso a la vivienda para la realización de obras indispensables (artículo 9.1.e).

Estos deberes, formulados primordialmente en términos patrimoniales y funcionales, pueden ser interpretados, desde una lectura sistemática y conforme a los valores constitucionales, como expresión de un deber general de respeto a la convivencia y a la seguridad comunitaria. Sin que ello implique la creación de obligaciones jurídicas nuevas, el marco normativo de la LPH no es incompatible con conductas responsables de comunicación cuando concurren indicios objetivos de riesgo grave, tales como situaciones que puedan comprometer la seguridad, la salubridad o la integridad de las personas que habitan el inmueble.

Así, la comunicación prudente al presidente o al administrador de circunstancias objetivamente alarmantes —por ejemplo, la percepción de gritos de auxilio, la existencia de olores persistentes que indiquen un riesgo sanitario grave o la constatación de una situación de abandono extremo— puede entenderse como una manifestación de responsabilidad comunitaria, y no como una forma de delación o intromisión ilegítima en la vida privada.

Esta lectura encuentra respaldo axiológico en el conjunto del ordenamiento jurídico, que no permanece indiferente ante situaciones de grave desamparo, como evidencia, en el ámbito penal, la tipificación de la omisión del deber de socorro en el artículo 195 del Código Penal. No obstante, cualquier actuación comunitaria debe realizarse con la máxima prudencia, confidencialidad y proporcionalidad, evitando alarmas infundadas o la difusión indiscriminada de información sensible.

6.3. ARTÍCULO 10 LPH: CONSERVACIÓN DEL INMUEBLE

El artículo 10 de la Ley de Propiedad Horizontal impone a la comunidad la obligación de realizar las obras necesarias para el adecuado mantenimiento y conservación del inmueble, incluyendo aquellas exigidas por razones de seguridad, habitabilidad y salubridad, con independencia de que dichas obras hayan sido aprobadas o no por la Junta de Propietarios.

Este precepto pone de manifiesto que la conservación del edificio no se limita a una cuestión estética o patrimonial, sino que constituye un deber jurídico directamente vinculado a la protección de bienes fundamentales como la seguridad y la salud de quienes lo habitan. Cuando una vivienda presenta un estado de deterioro grave —por riesgo de desprendimientos, humedades que afectan a otras viviendas, acumulaciones que incrementan la carga estructural o condiciones de insalubridad—, la comunidad se encuentra legitimada para exigir al propietario la adopción de las medidas necesarias, así como para activar los mecanismos legales previstos en caso de incumplimiento.

Trasladado al ámbito de la soledad no deseada, este precepto adquiere relevancia cuando el aislamiento prolongado de un ocupante deriva en el abandono del mantenimiento básico de la vivienda y genera riesgos objetivos para el inmueble o para terceros. En tales supuestos, la actuación comunitaria no se orienta a la persona, sino a la protección del edificio y de la seguridad colectiva, siguiendo siempre los procedimientos legalmente establecidos (requerimientos formales, adopción de acuerdos y, en su caso, acciones judiciales).

6.4. ARTÍCULO 14 LPH: COMPETENCIAS DE LA JUNTA DE PROPIETARIOS

El artículo 14 de la Ley de Propiedad Horizontal atribuye a la Junta de Propietarios las competencias esenciales en materia de gobierno comunitario, entre las que se incluyen la aprobación del presupuesto de gastos, la adopción de acuerdos relativos al adecuado sostenimiento del inmueble, la aprobación de normas de régimen interior y la decisión sobre la ejecución de obras y servicios.

Especial relevancia presenta el artículo 14.b LPH, que contiene una cláusula general de competencia al habilitar a la Junta para adoptar acuerdos sobre todos los actos que tengan por objeto el adecuado sostenimiento del inmueble. Desde una interpretación teleológica y conforme a los valores constitucionales, esta cláusula permite a la Junta aprobar medidas organizativas y preventivas destinadas a garantizar una convivencia segura y respetuosa con la dignidad de las personas, siempre que no vulneren derechos fundamentales ni impongan obligaciones personales no previstas legalmente.

En este marco, la Junta puede acordar, de forma voluntaria y prudente, iniciativas tales como el establecimiento de criterios objetivos de detección de situaciones de riesgo, la designación de un interlocutor comunitario para canalizar incidencias, la autorización al administrador para comunicar situaciones graves a los servicios sociales o la promoción de actividades de convivencia de carácter estrictamente voluntario. Estos acuerdos no crean deberes jurídicos adicionales para los propietarios, pero configuran un marco institucional que facilita la actuación coordinada cuando se detectan situaciones de especial vulnerabilidad.

6.5. ARTÍCULO 20 LPH: FUNCIONES DEL ADMINISTRADOR

El artículo 20.a de la Ley de Propiedad Horizontal encomienda al administrador la función de velar por el buen régimen de la casa, lo que implica un deber de diligencia en la supervisión del funcionamiento general de la comunidad y en la ejecución de los acuerdos adoptados por la Junta.

Esta función no debe entenderse como una potestad de vigilancia personal sobre los residentes, sino como una diligencia funcional orientada a detectar y canalizar circunstancias objetivas que puedan comprometer la seguridad, la salubridad o la convivencia en el inmueble. En este sentido, corresponde al administrador informar al presidente o a la Junta de aquellas situaciones graves que requieran una deliberación colegiada o la intervención de autoridades competentes, así como actuar con prontitud en la comunicación de riesgos urgentes a los servicios de emergencia cuando exista peligro inminente.

La figura del administrador de fincas, regulada además por la normativa colegial y los códigos deontológicos profesionales, desempeña así un papel relevante como facilitador de la correcta convivencia comunitaria, sin sustituir a los poderes públicos ni asumir funciones de control personal. Desde esta perspectiva, resulta conveniente promover una formación adecuada de los administradores en materia de gestión de conflictos, detección de riesgos objetivos, conocimiento de los recursos sociales disponibles y tratamiento ético y confidencial de la información sensible, siempre dentro de los límites que impone el ordenamiento jurídico.

VII.

Propuesta de protocolo preventivo comunitario

7.1. FUNDAMENTOS DEL PROTOCOLO

El protocolo que se propone tiene como finalidad ofrecer a las comunidades de propietarios un marco orientativo y voluntario para la detección y canalización prudente de situaciones de soledad no deseada que, en casos extremos, puedan comprometer bienes jurídicos relevantes. No se trata de crear nuevas obligaciones jurídicas ni de atribuir competencias no previstas legalmente, sino de articular de forma ordenada y respetuosa las posibilidades de actuación ya existentes, conforme a los principios de prudencia, subsidiariedad y proporcionalidad.

Desde el punto de vista de su configuración jurídica, el protocolo puede ser aprobado por la Junta de Propietarios e integrarse en el régimen interno de la comunidad —ya sea mediante su incorporación a las normas de régimen interior o, en su caso, como anexo a los estatutos— como instrumento organizativo y preventivo. Su formalización no altera el contenido esencial de los derechos individuales ni impone deberes de sociabilidad, sino que proporciona un marco procedimental claro para la actuación comunitaria ante situaciones de posible vulnerabilidad, reforzando la seguridad jurídica y la coherencia en la toma de decisiones.

Los principios rectores del protocolo son los siguientes:

1. Respeto a la intimidad y a la autonomía personal, evitando cualquier actuación sin causa objetivamente justificada.
2. Proporcionalidad, adecuando la respuesta a la gravedad de la situación detectada.
3. Subsidiariedad, limitando la actuación comunitaria a supuestos en los que no existan redes de apoyo primarias conocidas o cuando estas resulten claramente insuficientes.
4. Coordinación institucional, mediante la comunicación con los servicios sociales u otras autoridades competentes cuando proceda.
5. Confidencialidad, garantizando la protección de datos personales y evitando la difusión innecesaria de información.
6. Documentación, dejando constancia de las actuaciones adoptadas en los términos legalmente exigibles.

7.2. FASE I: DETECCIÓN DE SEÑALES DE ALERTA

La fase inicial consiste en la identificación de indicadores objetivos vinculados al inmueble o a la seguridad comunitaria que, valorados de manera conjunta y prudente, puedan sugerir una situación de riesgo.

A título meramente orientativo, pueden considerarse indicadores relevantes:

— acumulación prolongada de correspondencia en zonas comunes;
— persistencia de olores anómalos que afecten a la salubridad del edificio;
— deterioro visible de elementos de la vivienda que repercuta en zonas comunes;

— acumulación de objetos o residuos en espacios comunes adyacentes a una vivienda;
— ruidos, golpes o ausencia total de actividad que, en su contexto, puedan sugerir una situación anómala.

La presencia aislada de uno de estos elementos no justifica por sí sola ninguna actuación, siendo necesaria una valoración contextual y prudente.

7.3. FASE II: COMUNICACIÓN INTERNA

Cuando algún vecino, el portero o el administrador adviertan circunstancias objetivas preocupantes, pueden comunicarlo, de forma confidencial, al presidente o al administrador de la comunidad.

La comunicación puede realizarse verbalmente en supuestos urgentes o por escrito cuando se estime oportuno dejar constancia. El receptor de la información podrá:

— valorar preliminarmente la gravedad de la situación;
— contrastar, de manera discreta, si existen otros indicios objetivos coincidentes;
— intentar un contacto respetuoso y no invasivo con la persona afectada, cuando resulte razonable y sin forzar ninguna interacción.

7.4. FASE III: DELIBERACIÓN COLEGIADA

Cuando la situación no presente carácter de urgencia inmediata, pero existan indicios fundados de riesgo, la Junta de Propietarios podrá deliberar, de forma genérica y preservando la intimidad, sobre la conveniencia de adoptar alguna actuación organizativa.

La Junta podrá valorar, entre otros aspectos:

— la existencia de indicios objetivos de riesgo;
— la posible presencia de redes familiares o de apoyo;
— la conveniencia de realizar una comunicación a servicios sociales.

Cualquier acuerdo deberá adoptarse con respeto estricto a la confidencialidad y sin difusión innecesaria de datos personales.

7.5. FASE IV: COORDINACIÓN CON SERVICIOS SOCIALES

Cuando se estime procedente, el presidente o el administrador, debidamente autorizados por la Junta, podrán comunicar la situación a los servicios sociales municipales, que son los órganos competentes para valorar e intervenir en situaciones de vulnerabilidad social.

La comunicación se limitará a la exposición objetiva de los hechos observados, sin valoraciones personales ni diagnósticos, quedando la actuación posterior en manos de los profesionales competentes.

7.6. FASE V: SITUACIONES DE EMERGENCIA

Cuando concurran indicios objetivos de riesgo grave e inminente para la vida o integridad física, cualquier persona puede y debe contactar con los servicios de emergencia (112), que son los únicos habilitados para adoptar medidas inmediatas, incluida la eventual entrada en un domicilio en situación de peligro, conforme a la legislación vigente y al principio de estado de necesidad.

La comunidad de propietarios no interviene directamente, limitándose a colaborar con las autoridades cuando sea requerido.

7.7. FASE VI: SEGUIMIENTO Y EVALUACIÓN

Con carácter meramente organizativo, la comunidad podrá valorar la eficacia del protocolo adoptado, a fin de introducir mejoras procedimentales, siempre dentro del respeto a la legalidad y a los derechos fundamentales.

VIII.
Límites derivados del derecho a la intimidad y la protección de datos

8.1. CONFIGURACIÓN CONSTITUCIONAL DEL DERECHO A LA INTIMIDAD

El derecho a la intimidad personal y familiar, reconocido en el artículo 18.1 de la Constitución Española, constituye el límite principal a cualquier actuación comunitaria orientada a la prevención de situaciones de soledad no deseada. El Tribunal Constitucional ha configurado este derecho como la garantía de un ámbito propio y reservado de la persona, inmune a injerencias externas no justificadas.

Desde una perspectiva sistemática, la doctrina constitucional ha identificado en el derecho a la intimidad diversas dimensiones interrelacionadas, entre las que destacan:

— una dimensión espacial, vinculada al domicilio como ámbito especialmente protegido;
— una dimensión informacional, relativa al control sobre los datos personales;
— y una dimensión decisional, conectada con la autodeterminación en cuestiones vitales y existenciales.

Cualquier injerencia en este ámbito exige una justificación constitucional suficiente, debiendo superar el juicio de proporcionalidad: perseguir un fin legítimo, ser idónea, necesaria y proporcionada en sentido estricto.

En el contexto de la prevención de la soledad no deseada, los fines constitucionalmente legítimos que pueden, en casos excepcionales, justificar una limitación proporcionada del derecho a la intimidad son, entre otros:

— la protección de la vida y la integridad física (artículo 15 CE);
— la protección de la salud pública (artículo 43 CE);
— y la garantía de la dignidad humana (artículo 10.1 CE).

En ningún caso estos fines legitiman actuaciones indiscriminadas o invasivas que vacíen el contenido esencial del derecho.

8.2. PROHIBICIÓN DE VIGILANCIA SISTEMÁTICA

La comunidad de propietarios carece de habilitación legal para establecer sistemas de vigilancia sistemática orientados al control de la vida privada de los residentes. Cualquier práctica de este tipo resultaría contraria al artículo 18 CE y a la normativa de protección de datos.

En particular, sería jurídicamente inadmisible:

— la instalación de cámaras de videovigilancia orientadas hacia las puertas de las viviendas o capaces de identificar hábitos personales de entrada y salida;
— la elaboración de registros sistemáticos sobre la frecuencia de visitas o ausencias de los vecinos;
— la obtención de información personal a través de terceros (repartidores, cuidadores, visitas);
— o el acceso a datos médicos, sociales o asistenciales sin consentimiento.

La detección de señales de alerta solo puede basarse en percepciones casuales e inevitables derivadas de la convivencia ordinaria, nunca en una vigilancia organizada o planificada. Los vecinos no son —ni pueden convertirse en— vigilantes de la vida ajena.

8.3. PROTECCIÓN DE DATOS PERSONALES

El tratamiento de datos personales en el marco de actuaciones comunitarias se encuentra sometido al Reglamento (UE) 2016/679 (RGPD) y a la Ley Orgánica 3/2018 (LOPDGDD). Los datos relativos a la salud, a la situación social o a la vulnerabilidad personal constituyen categorías especiales de datos (artículo 9 RGPD), cuyo tratamiento está, con carácter general, prohibido.

Excepcionalmente, la comunicación de una situación de grave desamparo a los servicios sociales puede encontrar cobertura jurídica cuando resulte necesaria para la protección de intereses vitales de la persona afectada (artículos 6.1.d y 9.2.c RGPD), siempre que concurran cumulativamente los siguientes requisitos:

1. existencia de indicios objetivos de riesgo grave para la vida o la salud;
2. imposibilidad de obtener el consentimiento del interesado;
3. necesidad y proporcionalidad estricta de la comunicación;
4. comunicación limitada a la autoridad competente.

En todo caso, la comunidad debe adoptar medidas organizativas adecuadas para garantizar la confidencialidad de la información, limitando el acceso a quienes deban conocerla, evitando la inclusión de datos innecesarios en actas y asegurando una custodia diligente de la documentación.

8.4. DERECHO A LA AUTODETERMINACIÓN: CUANDO LA SOLEDAD ES ELEGIDA

No toda situación de soledad constituye un problema jurídico o social que legitime la intervención comunitaria. El derecho al libre desarrollo de la personalidad (artículo 10.1 CE) comprende también la facultad de optar por formas de vida solitarias o escasamente relacionales, ya sea por motivos temperamentales, filosóficos, religiosos o vitales. La autonomía personal incluye, por tanto, el derecho a vivir con escaso contacto social y a preservar ámbitos de reserva frente a los demás.

Desde esta perspectiva, la mera ausencia de interacción vecinal o la preferencia por una vida retirada no pueden interpretarse automáticamente como indicadores de vulnerabilidad ni justificar, por sí solas, una actuación comunitaria. La soledad elegida forma parte del ámbito de autodeterminación individual y debe ser respetada en tanto se ejerza de manera libre, consciente y compatible con condiciones de vida dignas.

Ahora bien, conviene introducir aquí una precisión esencial: la soledad no deseada puede existir incluso cuando la persona mayor no vive sola o mantiene vínculos familiares formales. La convivencia o el contacto periódico con familiares no excluyen situaciones de abandono emocional, negligencia relacional, invisibilización, infantilización o control excesivo, manifestaciones todas ellas de una violencia silenciosa y socialmente normalizada contra las personas mayores.

El anciano que vive acompañado pero no es escuchado, que carece de capacidad real de decisión sobre su propia vida cotidiana, o que es tratado como una carga puede experimentar una soledad profunda, especialmente lesiva para su dignidad. En estos supuestos, la privación no reside en la ausencia física de compañía, sino en la falta de reconocimiento, de voz y de participación efectiva en las decisiones que afectan a su existencia.

Por ello, la prevención de la soledad no deseada no puede identificarse sin más con el hecho de vivir solo, sino que exige atender a la calidad de los vínculos, al reconocimiento efectivo de la persona como sujeto de derechos y a su capacidad real de autodeterminación, más allá de la mera presencia de terceros en el entorno doméstico.

La actuación comunitaria solo puede considerarse legítima cuando existan indicios objetivos de que la soledad no es fruto de una elección auténticamente libre y consciente, o cuando se acompaña de condiciones incompatibles con una vida digna o de riesgos graves para la salud, la seguridad o la integridad personal. En ausencia de tales indicios, cualquier actuación paternalista o intrusiva resultaría contraria a la autonomía personal y al respeto debido a las decisiones vitales individuales.

8.5. EL CONSENTIMIENTO COMO PRESUPUESTO PREFERENTE

Siempre que resulte posible, la actuación comunitaria debe fundarse en el consentimiento informado de la persona afectada. El consentimiento constituye la vía preferente de legitimación de cualquier intervención y debe obtenerse de forma respetuosa, sin presión ni coacción.

Solo cuando el contacto directo no sea posible, o cuando concurran situaciones de riesgo grave e inminente que no admitan demora, podrá justificarse una actuación sin consentimiento previo, siempre bajo criterios de estricta proporcionalidad y mínima injerencia.

IX.

MEDIDAS PREVENTIVAS: CONSTRUYENDO COMUNIDADES DEL CUIDADO

9.1. DE LA PREVENCIÓN REACTIVA A LA PREVENCIÓN PROACTIVA

El protocolo preventivo descrito en los capítulos anteriores tiene, por su propia naturaleza, un carácter principalmente reactivo, en la medida en que se activa cuando ya se han detectado señales objetivas de riesgo. Sin embargo, una estrategia integral frente a la soledad no deseada requiere incorporar también medidas de carácter proactivo, orientadas a reducir los factores estructurales que favorecen el aislamiento social.

Estas medidas carecen de carácter obligatorio desde el punto de vista jurídico y solo pueden adoptarse de manera voluntaria por las comunidades de propietarios, como expresión de su compromiso con una convivencia solidaria y respetuosa con la dignidad de las personas.

Entre las posibles líneas de actuación proactiva pueden destacarse, a título meramente ejemplificativo, las siguientes:

a) Medidas de diseño arquitectónico y de uso de espacios comunes, tales como la creación o mejora de zonas de encuentro informal, la promoción de la accesibilidad universal o la adecuación de elementos que faciliten la permanencia y el descanso en áreas comunes.

b) Medidas de dinamización comunitaria, consistentes en la organización de actividades de convivencia de carácter estrictamente voluntario o en la creación de redes informales de apoyo vecinal basadas en la libre adhesión.

c) Medidas de información y sensibilización, orientadas a difundir recursos sociales disponibles, promover el envejecimiento activo y concienciar sobre la importancia del cuidado mutuo, sin estigmatizar situaciones personales.

d) Medidas de coordinación institucional, limitadas al establecimiento de canales de comunicación con servicios sociales o entidades del tercer sector, siempre desde una lógica de colaboración puntual y no de delegación de funciones públicas.

9.2. EL PAPEL DE LAS NUEVAS TECNOLOGÍAS

Las tecnologías digitales pueden constituir herramientas útiles para favorecer la comunicación y reducir el aislamiento social, siempre que su utilización respete escrupulosamente los derechos fundamentales y la normativa de protección de datos. Entre las prácticas potencialmente compatibles con estos límites se encuentran:

— el uso de canales de mensajería comunitaria para la difusión de información general o la solicitud voluntaria de ayuda puntual, evitando su empleo como instrumento de control o presión social;

— el empleo de plataformas digitales de gestión comunitaria, siempre que no incorporen funcionalidades de seguimiento personal sin consentimiento expreso;

— la información sobre servicios públicos de teleasistencia u otros recursos tecnológicos de apoyo personal, cuya contratación y uso corresponde exclusivamente a los interesados.

En el caso de soluciones domóticas o de sensores orientados a la detección de situaciones de riesgo, su instalación solo resulta admisible cuando existe consentimiento previo, expreso e informado del titular de la vivienda y cuando la información generada se dirige exclusivamente a familiares o servicios de emergencia, sin intervención ni acceso por parte de la comunidad de propietarios.

9.3. FORMACIÓN DE ADMINISTRADORES Y MIEMBROS DE LAS JUNTAS

La eficacia de cualquier enfoque preventivo depende, en gran medida, de la capacitación de quienes desempeñan funciones de gestión comunitaria. En este sentido, resulta recomendable fomentar la formación específica de administradores de fincas y miembros de las Juntas de Propietarios en materias como la detección de riesgos objetivos, la gestión de situaciones sensibles, el conocimiento de recursos sociales y el respeto a los derechos fundamentales.

Los Colegios Profesionales de Administradores de Fincas pueden desempeñar un papel relevante en este ámbito, mediante el desarrollo de programas formativos y la incorporación de orientaciones éticas en sus códigos deontológicos, siempre dentro del marco legal vigente.

9.4. REDES DE CUIDADOS COMUNITARIOS: EXPERIENCIAS COMPARADAS

La prevención de la soledad no deseada ha dado lugar, en distintos países, a experiencias comunitarias que pueden servir como referencia inspiradora. Entre ellas destacan los modelos de covivienda o *cohousing*, los programas de acompañamiento voluntario (*befriending schemes*), los sistemas de atención vecinal basados en la cooperación informal y los bancos de tiempo.

Estas experiencias ponen de relieve la importancia de las redes comunitarias no institucionalizadas como complemento —nunca sustituto— de los sistemas públicos de protección social. Su eventual adaptación al contexto de la propiedad horizontal debe realizarse con cautela, garantizando siempre la voluntariedad, la ausencia de control social y el respeto a la privacidad.

9.5. INICIATIVAS LEGISLATIVAS Y POLÍTICAS PÚBLICAS EMERGENTES

En los últimos años, diversos Estados han comenzado a desarrollar políticas públicas específicas frente a la soledad no deseada. El Reino Unido, Japón o distintas comunidades autónomas españolas han aprobado estrategias que reconocen el papel de los entornos comunitarios como espacios de detección temprana y acompañamiento.

Estas iniciativas no imponen deberes directos a las comunidades de propietarios, pero sí evidencian una tendencia clara hacia la integración de actores comunitarios en las políticas de cuidado, dentro de un marco de colaboración voluntaria y respetuosa con los derechos fundamentales.

X.
FUNDAMENTACIÓN FILOSÓFICA: HACIA UNA ÉTICA DEL CUIDADO COMUNITARIO

10.1. LA VULNERABILIDAD COMO CONDICIÓN HUMANA UNIVERSAL

La filosofía contemporánea, especialmente a partir de las aportaciones del feminismo y de la fenomenología, ha cuestionado el modelo antropológico del sujeto autónomo, racional e independiente que subyace al liberalismo clásico. Autoras como Judith Butler y Martha Fineman han desarrollado una teoría de la vulnerabilidad universal, según la cual todos los seres humanos somos, en distintos momentos y grados, vulnerables, dependientes y necesitados de cuidado.

La vulnerabilidad no constituye una desviación respecto de una supuesta norma de autonomía plena, sino la condición ontológica fundamental del ser humano. Nacemos dependientes, enfermamos, envejecemos y morimos; incluso en etapas de aparente autosuficiencia, nuestra vida se sostiene sobre complejas redes de interdependencia económica, afectiva e institucional.

Esta constatación tiene consecuencias jurídicas y políticas relevantes. Si la vulnerabilidad es universal, el cuidado no puede concebirse exclusivamente como una cuestión privada —tradicionalmente relegada al ámbito familiar y feminizada—, sino como una responsabilidad social compartida. El Derecho está llamado a crear y reconocer marcos institucionales que distribuyan de forma más equitativa las cargas del cuidado.

Las comunidades de propietarios, como espacios de convivencia proximal, pueden constituir uno de esos marcos, en los que la responsabilidad del cuidado se ejerce de forma subsidiaria y complementaria, sin sustituir las responsabilidades familiares ni estatales.

10.2. LA ÉTICA DEL CUIDADO: DEL INDIVIDUALISMO A LA RELACIONALIDAD

La ética del cuidado, desarrollada desde la década de 1980 por autoras como Carol Gilligan, Nel Noddings y Joan Tronto, propone una alternativa a las éticas deontológicas centradas en deberes abstractos y a las éticas consecuencialistas basadas en la maximización de utilidades.

Su punto de partida es el reconocimiento de que los seres humanos somos constitutivamente relacionales: nos formamos y desarrollamos a través de vínculos. La moralidad no consiste primariamente en la aplicación mecánica de principios universales, sino en la atención responsable a las necesidades concretas de quienes se encuentran en relación con nosotros.

Joan Tronto identifica cuatro fases analíticas del cuidado:

1. *Caring about*: reconocer la existencia de una necesidad.
2. *Taking care of*: asumir la responsabilidad de responder a esa necesidad.
3. *Care-giving*: prestar materialmente el cuidado.
4. *Care-receiving*: evaluar si el cuidado ofrecido responde adecuadamente a la necesidad.

Aplicadas al ámbito comunitario, estas fases permiten describir —no imponer normativamente— un itinerario posible de actuación frente a la soledad no deseada: desde la percepción de señales de aislamiento hasta la valoración de la eficacia de las respuestas articuladas, siempre con respeto a la autonomía personal.

La ética del cuidado no legitima el paternalismo, sino que exige atención, diálogo y respeto, evitando imponer a otros lo que se considera su propio bien.

10.3. EL PERSONALISMO COMUNITARIO: PERSONA, COMUNIDAD Y BIEN COMÚN

El personalismo comunitario, desarrollado por autores como Emmanuel Mounier y Jacques Maritain, concibe a la persona humana como una realidad simultáneamente individual y comunitaria. La persona es portadora de dignidad intrínseca, autonomía y derechos inalienables, pero solo se realiza plenamente en relación con otros.

Esta tensión se articula mediante el concepto de bien común, entendido no como la suma de intereses individuales ni como un bien colectivo que absorbe al individuo, sino como el conjunto de condiciones sociales que permiten a cada persona desarrollar su proyecto vital.

Trasladado al ámbito de la propiedad horizontal, el bien común vecinal no se reduce al mantenimiento material del edificio ni a la mera no injerencia en la esfera privada, sino que comprende la creación de condiciones de convivencia digna y respetuosa. La prevención de la soledad no deseada contribuye a este bien común en la medida en que protege la dignidad de las personas vulnerables y refuerza los lazos comunitarios.

10.4. FILOSOFÍA DEL RECONOCIMIENTO: LA NECESIDAD DE SER VISTO

La teoría del reconocimiento, desarrollada por Axel Honneth, sostiene que la identidad personal y la autorrealización dependen del reconocimiento en tres esferas: afectiva, jurídica y social. La falta de reconocimiento no es una mera carencia emocional, sino una forma de injusticia social que afecta a la autoestima y a la percepción de valor personal.

La soledad no deseada implica una privación de reconocimiento: la persona aislada se vuelve invisible. En este sentido, las comunidades de vecinos pueden funcionar como espacios mínimos de reconocimiento cotidiano, donde gestos simples —un saludo, una conversación ocasional— confirman la pertenencia y el valor de cada individuo.

Desde esta perspectiva, la prevención de la soledad no deseada puede entenderse como una exigencia de justicia recognoscitiva, vinculada al derecho de toda persona a ser tenida en cuenta como miembro valioso de la comunidad.

10.5. FILOSOFÍA POLÍTICA: DEL CONTRACTUALISMO A LA SOLIDARIDAD

El contractualismo moderno ha sido un modelo fundamental para explicar la cooperación social, pero presenta limitaciones para fundamentar deberes hacia quienes no pueden participar plenamente en el contrato social. Autores como Alasdair MacIntyre han subrayado que las sociedades justas son aquellas que reconocen la dependencia humana y organizan el cuidado de sus miembros vulnerables de manera equitativa.

Las comunidades de propietarios pueden concebirse, desde esta óptica, no solo como acuerdos de copropiedad, sino como comunidades de interdependencia. El compromiso con formas básicas de cuidado recíproco no deriva de un pacto explícito, sino de la cohabitación y de los vínculos informales que esta genera.

El Derecho, al reconocer y facilitar estas prácticas, no impone artificialmente la solidaridad, sino que otorga respaldo normativo a dinámicas solidarias ya presentes en la vida comunitaria, respetando siempre la autonomía personal y los límites constitucionales.

XI.

PERSPECTIVA PSICOSOCIAL: LA IMPORTANCIA DE LAS REDES DE APOYO PROXIMAL

11.1. TEORÍA DE LAS REDES SOCIALES Y CAPITAL SOCIAL

Desde la sociología y la psicología social se ha puesto de relieve que las redes sociales —entendidas como conjuntos de relaciones interpersonales no digitales— constituyen un recurso esencial para el bienestar subjetivo, la resiliencia y la salud.

Robert Putnam popularizó el concepto de capital social para describir el valor generado por las redes de confianza, reciprocidad y cooperación, distinguiendo entre:

— capital social vinculante (*bonding*), basado en vínculos fuertes con familiares y amistades íntimas;
— capital social puente (*bridging*), sustentado en vínculos más débiles con conocidos, compañeros o vecinos.

Las comunidades de propietarios generan, de forma característica, capital social de tipo puente: relaciones no íntimas pero socialmente significativas, capaces de proporcionar apoyo instrumental puntual, intercambio de información y un básico sentido de pertenencia. Aunque estos vínculos no sustituyen a las redes primarias, la literatura empírica muestra que desempeñan un papel protector relevante, especialmente cuando dichas redes se han debilitado o desaparecido.

11.2. EL EFECTO PROTECTOR DE LA INTEGRACIÓN COMUNITARIA

Numerosos estudios en epidemiología social y psicología de la salud han puesto de manifiesto una asociación significativa entre la integración en redes comunitarias y mejores resultados en salud física y mental, tales como menor riesgo de mortalidad prematura, mejor adherencia a tratamientos médicos o menor prevalencia de síntomas depresivos.

Los mecanismos explicativos identificados incluyen, entre otros:

Mecanismos directos, como el apoyo emocional que reduce el estrés crónico o el apoyo instrumental que facilita el acceso a cuidados y recursos; y mecanismos indirectos, como el refuerzo de conductas saludables, la disuasión de conductas de riesgo o el fortalecimiento del sentido de propósito vital.

En este contexto, las comunidades de vecinos pueden constituir espacios de integración social básica, en los que la percepción de no estar completamente solo —"alguien se daría cuenta si algo me ocurriera"— contribuye a una mayor sensación de seguridad subjetiva y a la reducción de la ansiedad, sin que ello implique funciones asistenciales formales.

11.3. PREVENCIÓN DE LA ESPIRAL DE AISLAMIENTO

La investigación psicosocial ha mostrado que el aislamiento social tiende a adquirir una dinámica autocatalítica. La soledad prolongada puede generar hipersensibilidad al rechazo, retraimiento social progresivo, deterioro de habilidades relacionales y estigmatización interiorizada, configurando una espiral de aislamiento que resulta cada vez más difícil de revertir.

La intervención temprana, cuando el aislamiento es todavía incipiente, se ha revelado como un factor clave para interrumpir este proceso. En este sentido, la proximidad cotidiana propia de la convivencia vecinal permite, en ocasiones, percibir cambios sutiles en los patrones habituales de vida que podrían pasar desapercibidos para los servicios sociales o sanitarios, siempre desde una observación no estructurada y respetuosa.

11.4. ENVEJECIMIENTO Y SOLEDAD: UNA ECUACIÓN PREVISIBLE

El envejecimiento poblacional constituye uno de los principales retos demográficos contemporáneos. En sociedades como la española, caracterizadas por un rápido incremento del número de personas mayores que viven solas, se concentran diversos factores de riesgo para la soledad no deseada: pérdidas afectivas acumuladas, reducción de movilidad, enfermedades crónicas, deterioro sensorial o brecha digital.

No todas las personas mayores que viven solas experimentan soledad no deseada; sin embargo, cuando esta se produce, sus consecuencias tienden a ser más graves. En este contexto, las comunidades de propietarios pueden desempeñar un papel relevante como entornos de convivencia capaces de ofrecer un mínimo soporte relacional, complementario a los sistemas formales de protección.

11.5. INTERSECCIONALIDAD Y VULNERABILIDADES MÚLTIPLES

La soledad no deseada no se distribuye de manera homogénea, sino que se ve atravesada por múltiples ejes de desigualdad. El enfoque de la interseccionalidad, desarrollado por Kimberlé Crenshaw, permite analizar cómo factores como la edad, el género, la clase social, el origen, la orientación sexual o la discapacidad interactúan, acumulando desventajas.

Este marco analítico invita a evitar visiones simplificadoras y a reconocer que determinadas personas pueden enfrentar barreras múltiples para la integración social. Desde esta perspectiva, una cultura comunitaria sensible a la diversidad y a las desigualdades estructurales resulta especialmente relevante para la prevención de la soledad no deseada, siempre desde el respeto a la autonomía personal y sin estigmatización.

XII.

CONSTRUCCIÓN DE SOCIEDADES DEL CUIDADO: HACIA UN NUEVO PARADIGMA

12.1. CRÍTICA AL MODELO NEOLIBERAL Y LA MERCANTILIZACIÓN DEL CUIDADO

Desde finales del siglo XX, los modelos socioeconómicos dominantes han tendido a promover la individualización de los riesgos sociales y la progresiva mercantilización del cuidado. En este contexto, la atención a menores, personas mayores, enfermas o con discapacidad se ha concebido, en gran medida, como una responsabilidad privada de las familias y, en su caso, como un servicio adquirible en el mercado.

La literatura crítica ha señalado diversas consecuencias problemáticas de este enfoque, entre las que destacan la sobrecarga desproporcionada de las mujeres en las tareas de cuidado, la exclusión de quienes carecen de recursos económicos suficientes, la precarización del trabajo de cuidados profesional y el debilitamiento de las redes comunitarias tradicionales.

Ante estos efectos, desde la economía feminista y los movimientos sociales se ha planteado la necesidad de reorientar el modelo de organización social del cuidado, avanzando hacia esquemas de corresponsabilidad que integren a familias, Estado, mercado y comunidad, sin relegar el cuidado al ámbito estrictamente privado.

12.2. EL PARADIGMA DE LA SOSTENIBILIDAD DE LA VIDA

La economía feminista ha desarrollado el concepto de sostenibilidad de la vida para subrayar que la finalidad última de la organización económica debe ser garantizar condiciones de vida dignas para todas las personas, y no exclusivamente la acumulación de capital.

Este enfoque propone situar el cuidado en el centro de la vida social, reconociendo que constituye la condición de posibilidad de cualquier actividad productiva. Desde esta perspectiva, el cuidado deja de ser un ámbito residual para convertirse en un elemento estructural de la organización social.

El paradigma de la sostenibilidad de la vida implica, entre otros aspectos, el reconocimiento del valor social del cuidado, una redistribución equitativa de sus responsabilidades, la revisión de modelos de vida que generan demandas insostenibles y la mejora de las condiciones laborales de quienes se dedican profesionalmente a estas tareas.

Las comunidades de propietarios pueden constituir espacios adecuados para ensayar formas limitadas y voluntarias de corresponsabilidad, siempre dentro del respeto a la autonomía personal y a los límites jurídicos existentes.

12.3. REDES COMUNITARIAS DE CUIDADOS: EXPERIENCIAS Y MODELOS

En distintos contextos nacionales e internacionales han surgido iniciativas comunitarias orientadas a reforzar las redes de cuidado no mercantilizadas. Entre ellas destacan las redes vecinales de apoyo mutuo desarrolladas en diversas ciudades españolas, los modelos de *aging in place* que promueven el envejecimiento en el propio entorno residencial, los proyectos de comunidades y ciudades compasivas, así como los sistemas de bancos de tiempo basados en la reciprocidad.

Estas experiencias muestran que es posible articular el cuidado desde lógicas comunitarias, complementarias a los sistemas públicos, siempre que se respeten los principios de voluntariedad, no estigmatización y ausencia de control social. Las comunidades de propietarios pueden inspirarse en estos modelos de manera adaptada a sus posibilidades reales y a su marco jurídico.

12.4. ARQUITECTURA Y URBANISMO PARA EL CUIDADO

El diseño de los espacios físicos influye de manera decisiva en las posibilidades de interacción social. Diversos estudios en arquitectura y urbanismo han evidenciado que determinados entornos favorecen el encuentro y la permanencia, mientras que otros refuerzan el aislamiento.

Principios como la existencia de espacios de transición entre lo público y lo privado, la accesibilidad universal, la presencia de zonas de descanso, una iluminación adecuada o la disponibilidad de espacios comunitarios polivalentes pueden contribuir a generar entornos más habitables y relacionales.

Aunque muchas de estas decisiones exceden las competencias ordinarias de las comunidades de propietarios ya consolidadas, pueden servir como criterios orientativos para reformas, rehabilitaciones o nuevos desarrollos residenciales comprometidos con la prevención de la soledad.

12.5. HACIA UN DERECHO DEL CUIDADO

En el ámbito jurídico comienza a perfilarse lo que parte de la doctrina denomina Derecho del cuidado, entendido no como un sistema normativo cerrado, sino como una línea emergente que busca integrar el cuidado en el núcleo de los derechos y políticas públicas.

Este enfoque abarca cuestiones como el derecho a cuidar, el derecho a recibir cuidados adecuados, la protección del autocuidado y la regulación del trabajo de cuidados profesional. En este contexto, la reinterpretación de la Ley de Propiedad Horizontal desde una perspectiva de cuidado comunitario puede considerarse una contribución modesta pero significativa a esta evolución, al reconocer que los espacios de convivencia generan responsabilidades relacionales limitadas, proporcionales y respetuosas con los derechos fundamentales.

XIII.
PROPUESTAS DE MEJORA LEGISLATIVA Y PRÁCTICA

El desarrollo de una cultura del cuidado en el seno de las comunidades de propietarios requiere, más allá de la reinterpretación doctrinal y jurisprudencial de la Ley de Propiedad Horizontal (LPH), un conjunto de propuestas normativas y prácticas concretas. Estas propuestas, que aquí se amplían significativamente, no pretenden desnaturalizar la institución de la propiedad horizontal ni imponer cargas desproporcionadas, sino crear un ecosistema jurídico y administrativo facilitador que dote de seguridad, recursos y reconocimiento a aquellas comunidades que deseen asumir, dentro de límites estrictos, un papel activo en la prevención de la soledad no deseada. Esta ampliación se centra en tres ámbitos complementarios y esenciales: la formación profesional de los administradores de fincas, la legislación urbanística y de vivienda, y el ámbito de acción municipal.

13.1. POSIBLES LÍNEAS DE REFORMA LEGISLATIVA DE LA LEY DE PROPIEDAD HORIZONTAL

Aunque el marco normativo vigente permite interpretaciones evolutivas y humanizadoras de la Ley de Propiedad Horizontal, una reforma legislativa expresa podría contribuir a dotar de mayor seguridad jurídica a las actuaciones comunitarias orientadas a la prevención de situaciones de vulnerabilidad.

Sin perjuicio de la complejidad técnica y política de cualquier reforma legal, pueden identificarse algunas líneas de mejora normativa:

1. Reformulación del artículo 5 LPH (fines de la comunidad). Podría contemplarse la inclusión, junto al sostenimiento material del inmueble, de una referencia expresa a la convivencia, señalando que la comunidad tiene también como finalidad favorecer una convivencia respetuosa y solidaria, sin menoscabo de los derechos fundamentales de los residentes.

2. Introducción de una previsión específica sobre actuaciones preventivas. Mediante un nuevo precepto o una disposición adicional, podría reconocerse expresamente la posibilidad de que la Junta de Propietarios apruebe protocolos de actuación preventiva ante situaciones de vulnerabilidad grave, estableciendo principios rectores tales como la proporcionalidad, el respeto a la intimidad, la subsidiariedad y la coordinación con los servicios sociales.

3. Precisión de las funciones del administrador (artículo 20 LPH). Podría valorarse la incorporación explícita de la obligación de comunicar a los órganos comunitarios aquellas circunstancias objetivamente observables que, en el ejercicio ordinario de sus funciones, pudieran indicar un riesgo grave para la salud, seguridad o dignidad de algún residente.

4. Formación especializada de administradores de fincas. Sin necesidad de imponer deberes desproporcionados, la normativa sectorial o los estatutos colegiales podrían reforzar la formación de los administradores en materias relacionadas con derechos fundamentales, detección de situaciones de vulnerabilidad y coordinación con recursos sociales.

5. Cláusula expresa de salvaguarda de la intimidad. Resultaría especialmente relevante incorporar una previsión clara que establezca que ninguna actuación comunitaria puede implicar vigilancia sistemática, recopilación indiscriminada de datos personales ni imposición de relaciones sociales obligatorias, reafirmando el carácter excepcional y limitado de cualquier intervención.

Estas propuestas no pretenden transformar la comunidad de propietarios en un ente asistencial, sino clarificar los márgenes de actuación legítima cuando están en juego derechos fundamentales.

13.2. DESARROLLO REGLAMENTARIO Y ELABORACIÓN DE PROTOCOLOS ORIENTATIVOS

Junto a la eventual reforma legal, un desarrollo reglamentario o técnico podría desempeñar un papel relevante. Las administraciones competentes, en colaboración con los servicios sociales y los colegios profesionales, podrían elaborar protocolos modelo de actuación preventiva, de carácter orientativo y voluntario.

Estos instrumentos podrían incluir, entre otros elementos:

— Listados de indicadores objetivos de alerta.
— Esquemas de toma de decisiones graduadas.
— Modelos de actas y comunicaciones internas.
— Directorios de recursos sociales territoriales.
— Formularios de consentimiento informado.
— Cláusulas tipo de protección de datos.

La existencia de estos protocolos contribuiría a reducir la inseguridad jurídica y facilitaría que las comunidades interesadas actuasen con prudencia y respeto a los derechos fundamentales.

13.3. INCENTIVOS Y MECANISMOS DE FOMENTO

Las políticas públicas pueden desempeñar un papel relevante mediante medidas de fomento, sin necesidad de imponer obligaciones adicionales a las comunidades de propietarios. Entre ellas podrían considerarse:

— Programas de subvenciones para la mejora de accesibilidad y creación de espacios comunitarios.
— Incentivos fiscales condicionados al desarrollo de iniciativas certificadas de convivencia solidaria.
— Sistemas de reconocimiento institucional a comunidades que adopten buenas prácticas en materia de cuidado comunitario.

Este enfoque incentivador permitiría promover conductas socialmente valiosas sin recurrir a mecanismos coercitivos.

13.4. INTEGRACIÓN EN PLANES MUNICIPALES Y AUTONÓMICOS

Los planes municipales y autonómicos de atención social y envejecimiento activo podrían reconocer expresamente a las comunidades de propietarios como agentes colaboradores en la detección temprana de situaciones de soledad no deseada. Ello permitiría:

— Integrarlas en los mapas de recursos comunitarios.
— Ofrecer formación específica a presidentes y administradores.
— Establecer canales de comunicación claros con los servicios sociales.
— Coordinar intervenciones y evitar solapamientos.
— Evaluar de forma sistemática los resultados obtenidos.

La cooperación entre servicios sociales profesionales y comunidades vecinales combina la proximidad territorial con la especialización técnica, generando sinergias especialmente valiosas.

13.5. INVESTIGACIÓN EMPÍRICA Y EVALUACIÓN DE IMPACTO

Finalmente, resulta imprescindible promover investigación empírica que permita evaluar:

— La prevalencia de la soledad no deseada en contextos residenciales.
— La eficacia real de los protocolos comunitarios.
— La percepción de los residentes sobre estas actuaciones.
— Las resistencias, riesgos y buenas prácticas identificadas.
— La replicabilidad de modelos exitosos.

Solo a partir de evidencia empírica sólida será posible ajustar las propuestas normativas y prácticas, evitando tanto el inmovilismo como intervenciones desproporcionadas.

13.6. PROPUESTAS DE REFORMA EN NORMATIVAS SECTORIALES: LA FORMACIÓN OBLIGATORIA DE LOS ADMINISTRADORES DE FINCAS COMO EJE DE LA DILIGENCIA DEBIDA

La figura del administrador de fincas, regulada por la Ley 2/2007, de 15 de marzo, de sociedades profesionales, por la normativa colegial y, en el ámbito funcional, por el artículo 20 de la Ley de Propiedad Horizontal, constituye el nexo técnico, jurídico y operativo entre los propietarios, los órganos de gobierno comunitario y la adecuada gestión del inmueble. Su función legal de velar por el "buen régimen de la casa" trasciende claramente la mera administración económica, proyectándose sobre el conjunto de condiciones que hacen posible una convivencia ordenada, segura y jurídicamente conforme.

Sin embargo, la formación reglada y continua de estos profesionales ha estado tradicionalmente orientada, de forma casi exclusiva, a disciplinas técnicas y patrimoniales —contabilidad, gestión de derramas, mantenimiento de instalaciones, legislación hipotecaria o urbanística— así como a la resolución de conflictos vecinales vinculados a molestias, impagos o uso indebido de elementos comunes. La dimensión socio-relacional de la convivencia y, en particular, la gestión prudente de situaciones de vulnerabilidad personal en el ámbito comunitario han permanecido, por lo general, en un segundo plano, cuando no completamente ausentes de los itinerarios formativos obligatorios.

Esta carencia genera un vacío de competencias especialmente relevante desde la perspectiva de la diligencia profesional. Un administrador puede desempeñar con solvencia las tareas contables y documentales propias del cargo y, sin embargo, carecer de los criterios jurídicos y prácticos necesarios para distinguir entre una sospecha objetivamente fundada y una intromisión injustificada en la esfera privada; para comunicarse adecuadamente con los servicios sociales; o para gestionar información sensible respetando los límites derivados del derecho fundamental a la intimidad y de la normativa de protección de datos personales.

Con el fin de colmar esta laguna y dotar de contenido real y operativo al estándar de diligencia debida en la gestión comunitaria, se formulan las siguientes propuestas de reforma en el ámbito de las normativas sectoriales y colegiales:

1. Modificación de los estatutos generales y de los planes de formación de los Colegios Profesionales de Administradores de Fincas

Los Colegios Profesionales, en ejercicio de sus competencias de ordenación y autorregulación de la profesión, deberían incorporar en sus estatutos la obligatoriedad de una formación continua específica en materia de gestión comunitaria y situaciones de vulnerabilidad social, como requisito para la colegiación activa o su renovación periódica. Esta formación, de carácter no optativo, permitiría garantizar un estándar mínimo homogéneo de competencia profesional en un ámbito especialmente sensible desde el punto de vista jurídico y ético. Los contenidos mínimos de este módulo formativo obligatorio podrían estructurarse en los siguientes bloques:

— Módulo jurídico-constitucional: estudio de los derechos fundamentales con incidencia directa en la convivencia comunitaria, en particular el derecho a la intimidad personal y familiar (artículo 18 CE), el libre desarrollo de la personalidad (artículo 10.1 CE) y la protección de datos personales conforme al RGPD y la LOPDGDD. Análisis de la jurisprudencia relevante del Tribunal Constitucional y del Tribunal Europeo de Derechos Humanos sobre los límites de la intervención de terceros en la vida privada.

— Módulo de detección y valoración objetiva de riesgos: herramientas para identificar, a partir de la observación pasiva y no intrusiva propia de la vida comunitaria, indicadores objetivos de posible vulnerabilidad (acumulación prolongada de correspondencia, deterioro súbito del estado de una vivienda, olores insalubres, ausencia prolongada de actividad donde antes era habitual). Criterios para diferenciar entre soledad elegida y situaciones de riesgo potencial, evitando interpretaciones subjetivas, alarmismos o prejuicios.

— Módulo de comunicación y coordinación institucional: formación en protocolos de comunicación respetuosa y eficaz con los servicios sociales municipales, sanitarios y de emergencia (112). Aprendizaje de la redacción de comunicaciones e informes de carácter estrictamente objetivo, sin valoraciones especulativas, así como conocimiento básico de la estructura y competencias de los recursos públicos locales (servicios sociales de base, unidades de trabajo social, teleasistencia pública).

— Módulo de ética profesional y gestión de la confidencialidad: análisis de los dilemas éticos propios de la función del administrador (tensión entre solidaridad e intimidad), establecimiento de protocolos internos para el tratamiento, custodia y eventual destrucción de información sensible, e incorporación expresa de estos principios en los códigos deontológicos colegiales, explicitando el deber de diligencia en la protección de personas vulnerables dentro del marco legal.

2. Reforma de la normativa sobre profesiones colegiadas y de los requisitos para la obtención de la titulación habilitante

A medio y largo plazo, sería deseable una revisión de la normativa estatal que regula las profesiones colegiadas a fin de incorporar, entre las competencias generales del administrador de fincas, una referencia expresa a la promoción de una convivencia adecuada y a la colaboración con los servicios públicos en la detección de situaciones de riesgo social, siempre dentro de los límites constitucionales y legales.

Asimismo, los planes de estudio oficiales que conducen a la titulación habilitante —ya sea a través de grados universitarios o de formación profesional de nivel superior— podrían incorporar una asignatura o bloque temático específico sobre psicosociología de la convivencia y comunidades sostenibles, de modo que las bases conceptuales y éticas de esta función se adquieran con anterioridad al ejercicio profesional.

3. Creación de un "Sello de Calidad en Gestión Comunitaria con Perspectiva Social"

De forma complementaria, los Colegios Profesionales, en colaboración con las comunidades de propietarios y entidades especializadas en servicios sociales, podrían impulsar un sistema de certificación voluntaria que acreditase a aquellos administradores que, además de cumplir con la formación obligatoria, demuestren una práctica profesional alineada con estos principios.

Este "sello de calidad" podría basarse en la auditoría de protocolos de actuación, la superación de programas de especialización avanzada o la acreditación de buenas prácticas, convirtiéndose en un elemento de valor diferencial en el mercado y fomentando la excelencia profesional en la humanización de la gestión comunitaria.

La adopción de estas medidas permitiría transformar progresivamente la figura del administrador de fincas de un gestor predominantemente patrimonial en un facilitador comunitario cualificado, dotado de formación específica para asesorar a las Juntas de Propietarios en la adopción de protocolos preventivos, mediar con prudencia en situaciones especialmente delicadas y actuar como canal seguro y jurídicamente informado entre la comunidad y la red pública de protección social.

Esta reforma no generaría nuevos deberes jurídicos directos para las comunidades de propietarios, pero sí reforzaría de manera decisiva la calidad del asesoramiento profesional del que dependen sus órganos de gobierno, dotándolos de la herramienta más relevante para una actuación respetuosa, proporcionada y jurídicamente sólida: una gestión profesional competente y sensible a la vulnerabilidad humana.

13.7. EL PAPEL DE LA LEGISLACIÓN URBANÍSTICA Y DE VIVIENDA: INCENTIVOS PARA EL DISEÑO DE "ARQUITECTURAS DEL CUIDADO"

La soledad no deseada no es únicamente el resultado de dinámicas personales o sociales, sino que se ve profundamente condicionada por la configuración física de los espacios habitados. El aislamiento puede verse reforzado —o, por el contrario, prevenido— por el diseño arquitectónico y urbanístico. Los edificios concebidos como meros agregados de unidades privadas, carentes de espacios de transición o de encuentro, tienden a favorecer la invisibilización y la desconexión entre quienes los habitan. Por el contrario, un diseño consciente de la dimensión relacional del habitar puede propiciar interacciones casuales, reconocimiento mutuo y formas informales de apoyo comunitario.

Desde esta perspectiva, la legislación urbanística y de vivienda, tanto estatal como autonómica, debería evolucionar para promover activamente modelos residenciales que integren esta dimensión relacional, superando una concepción de la vivienda centrada exclusivamente en parámetros cuantitativos, económicos o de eficiencia constructiva. A tal fin, se proponen las siguientes líneas de actuación normativa:

1. Modificación del Código Técnico de la Edificación y de las normas urbanísticas autonómicas

El Código Técnico de la Edificación (CTE), en cuanto instrumento básico que establece las exigencias mínimas de seguridad, habitabilidad y sostenibilidad, podría incorporar una nueva exigencia básica de habitabilidad social y relacional, orientada a garantizar condiciones mínimas para la vida comunitaria en edificios residenciales de nueva planta o sometidos a grandes procesos de rehabilitación.

Esta exigencia no se limitaría a aspectos físicos tradicionales (iluminación, ventilación o aislamiento acústico), sino que establecería estándares mínimos para los espacios comunes de relación, entre los que podrían contemplarse:

— Superficie mínima y calidad de los espacios comunitarios: en edificios de más de un determinado número de viviendas, debería exigirse la previsión de un espacio comunitario polivalente —sala común, terraza cubierta o jardín interior— con una superficie mínima proporcional al número de viviendas (por ejemplo, un módulo orientativo de metros cuadrados por vivienda), accesibilidad universal y condiciones adecuadas de iluminación natural y ventilación.

— Diseño cualificado de los espacios de transición: el recorrido desde el espacio público hasta la vivienda privada no debería concebirse únicamente como un tránsito funcional. Portales amplios y acogedores, rellanos de ascensores diseñados como pequeñas áreas de estancia y la incorporación de elementos que inviten a la pausa pueden favorecer encuentros espontáneos y una convivencia menos anónima.

— Integración de soluciones tecnológicas básicas: la preinstalación de sistemas que faciliten la comunicación (videoporteros adaptados a personas mayores, infraestructuras de cableado para servicios comunitarios o teleasistencia) permitiría una posterior implementación flexible, siempre condicionada al consentimiento y a la decisión de la comunidad.

2. Incentivos en la legislación de suelo y ordenación urbanística

Las leyes estatales y autonómicas de suelo y ordenación urbanística podrían incorporar incentivos urbanísticos para aquellas promociones residenciales que superen los estándares mínimos de habitabilidad relacional y presenten un proyecto de comunidad y cuidado evaluable por la administración local.

Estos incentivos podrían materializarse en bonificaciones en parámetros urbanísticos —edificabilidad, ocupación o altura— cuando el proyecto incluya, de manera verificable:

— Espacios comunes especialmente dotados (cocina-comedor comunitaria, biblioteca vecinal, huertos urbanos en cubiertas o espacios de actividad física adaptada).

— Reserva de viviendas o espacios para usos comunitarios específicos (alojamiento temporal para cuidadores, vivienda de invitados, microcentros de día de proximidad).

— Integración de tipologías de vivienda colaborativa o modelos de cohousing, especialmente orientados a colectivos vulnerables.

— Prestación de servicios compartidos contratados por la comunidad (conserjería, mantenimiento reforzado de espacios comunes o programas básicos de dinamización).

Estas bonificaciones, al incrementar la rentabilidad urbanística del proyecto, constituirían un incentivo eficaz para que los promotores privados incorporen la dimensión comunitaria como un valor añadido, favoreciendo la competencia en términos de calidad relacional y no únicamente de superficie o precio.

3. Reforma de las leyes de vivienda y de rehabilitación

Las políticas públicas de vivienda, en particular las vinculadas a programas de rehabilitación financiados con fondos europeos u otros instrumentos de inversión pública, deberían incorporar explícitamente el impacto social de las actuaciones como criterio de priorización.

En este sentido, las subvenciones y ayudas a la rehabilitación podrían prever líneas específicas, con mayor intensidad de ayuda, para actuaciones que incluyan:

— Creación o mejora sustancial de espacios comunes destinados a la convivencia.
— Mejora integral de la accesibilidad universal del edificio y de sus espacios compartidos.
— Instalación de sistemas de eficiencia energética que reduzcan los costes comunitarios, liberando recursos para fines sociales.
— Reconversión de locales o bajos sin uso en espacios de cuidado de proximidad, gestionados en colaboración con entidades del tercer sector o servicios municipales.

4. Efectos esperados.

Estas medidas no impondrían obligaciones a las comunidades de propietarios ya existentes, pero contribuirían a transformar progresivamente el parque residencial de nueva creación y rehabilitación. El mensaje normativo y cultural sería inequívoco: el valor de la vivienda no reside únicamente en los metros cuadrados de uso privativo, sino también en la calidad de los espacios compartidos y en la capacidad del entorno construido para favorecer relaciones humanas significativas.

De este modo, se avanzaría desde una arquitectura del aislamiento hacia una arquitectura del cuidado, en la que el diseño físico actúe como un facilitador estructural de la convivencia, del reconocimiento mutuo y de la resiliencia comunitaria frente a la soledad no deseada.

13.8. PROPUESTAS A NIVEL DE ORDENANZAS MUNICIPALES: CREACIÓN DE REGISTROS DE "COMUNIDADES COMPROMETIDAS CON EL CUIDADO" Y BENEFICIOS FISCALES LOCALES

El ámbito municipal constituye el nivel institucional más próximo a la realidad cotidiana de las comunidades de propietarios. Los ayuntamientos disponen de un margen normativo relevante —a través de ordenanzas fiscales, de organización y de participación ciudadana— para fomentar, reconocer y articular prácticas comunitarias orientadas a la prevención de situaciones de vulnerabilidad y soledad no deseada. Su intervención presenta, además, una ventaja decisiva: la visibilidad inmediata de las medidas y su impacto directo en la vida vecinal.

Desde esta perspectiva, se proponen las siguientes iniciativas susceptibles de desarrollo mediante ordenanzas municipales, plenamente compatibles con el marco competencial local y con el principio de autonomía municipal:

1. Ordenanza de creación del Registro Municipal de Comunidades Comprometidas con el Cuidado (RMCCC)

Mediante una ordenanza específica, el ayuntamiento podría crear un registro público, voluntario y no coercitivo al que pudieran adherirse aquellas comunidades de propietarios que asuman un compromiso formal con determinadas buenas prácticas de convivencia y cuidado comunitario. La inscripción en el registro no generaría obligaciones jurídicas adicionales ni responsabilidades sancionadoras, sino la adhesión voluntaria a un conjunto mínimo de principios y actuaciones verificables.

Entre los requisitos de inscripción podrían incluirse:

— Aprobación formal de un Protocolo Preventivo Comunitario, basado en un modelo orientativo facilitado por el propio ayuntamiento —y alineado con los principios desarrollados en el Capítulo VII de esta monografía—, adaptado a las características del edificio y aprobado por la Junta de Propietarios.

— Designación de una persona de enlace para el cuidado comunitario, que podría recaer en el presidente de la comunidad, el administrador de fincas o un vecino designado voluntariamente. Esta persona recibiría una formación básica gratuita proporcionada por los servicios sociales municipales, centrada en la detección de señales de alerta, el conocimiento de los recursos locales disponibles y los límites jurídicos de la actuación vecinal.

— Compromiso de realización de, al menos, una actividad anual de convivencia, de carácter inclusivo, no comercial y abierta a todos los residentes (encuentros vecinales, talleres comunitarios, iniciativas intergeneracionales), respetando siempre la voluntariedad de la participación.

— Adopción de medidas razonables de accesibilidad y mejora de los espacios comunes, dentro de las posibilidades técnicas y económicas de la comunidad, así como el compromiso de no establecer normas de régimen interior que, de forma injustificada, fomenten el aislamiento o la exclusión social.

2. Ordenanza fiscal de bonificaciones para comunidades inscritas

La efectividad real del Registro Municipal de Comunidades Comprometidas con el Cuidado vendría reforzada por la aprobación de una ordenanza fiscal específica que establezca incentivos económicos tangibles para las comunidades adheridas. Entre las medidas posibles destacan:

— Bonificación en el Impuesto sobre Bienes Inmuebles (IBI) aplicable a los elementos comunes del edificio (portales, escaleras, cubiertas, patios), dentro de los márgenes legalmente permitidos. Esta bonificación podría situarse, de forma orientativa, entre el 20 % y el 50 % de la cuota correspondiente a dichos elementos, durante un periodo determinado y renovable, condicionado al mantenimiento de la inscripción y del cumplimiento de los compromisos asumidos.

— Bonificación en la tasa por licencias urbanísticas u obras cuando las actuaciones tengan por objeto la mejora de la accesibilidad universal, la eficiencia energética o la creación y adecuación de espacios comunes de relación.

— Bonificación en tasas municipales vinculadas a la gestión de residuos, en aquellos casos en que la comunidad implemente prácticas verificables de reducción de residuos, economía circular o compostaje comunitario, en coherencia con los objetivos de sostenibilidad ambiental.

3. Ordenanza de reconocimiento y colaboración institucional

De forma complementaria, el ayuntamiento podría aprobar una ordenanza destinada a articular un canal estable y preferente de comunicación entre las comunidades inscritas en el RMCCC y los servicios sociales municipales. Este canal —telefónico, electrónico o mediante plataforma digital— permitiría una interlocución clara y protocolizada, evitando dilaciones innecesarias y mejorando la coordinación interinstitucional.

Asimismo, el ayuntamiento podría asumir los siguientes compromisos:

— Publicar periódicamente un listado —y, en su caso, un mapa digital— de las comunidades inscritas, como forma de reconocimiento público.

— Facilitar el uso preferente de equipamientos municipales (centros cívicos, bibliotecas, espacios culturales) para actividades comunitarias promovidas por dichas comunidades.

— Ofrecer asesoramiento técnico y jurídico periódico en materia de convivencia, mediación comunitaria y gestión de conflictos.
— Crear un sello municipal de calidad en convivencia y cuidado comunitario, que la comunidad pueda exhibir como distintivo institucional, reforzando su prestigio social y su compromiso cívico.

4. Integración en los planes municipales de acción social y envejecimiento activo

Finalmente, estas iniciativas deberían integrarse de forma coherente en los planes municipales de servicios sociales, envejecimiento activo y salud comunitaria. Las comunidades inscritas en el RMCCC deberían ser consideradas un recurso estratégico más dentro de la red pública de prevención, actuando como espacios de proximidad que facilitan la detección temprana y la intervención preventiva, siempre bajo la dirección y supervisión de los servicios profesionales competentes.

5. Efectos esperados.

La adopción de este conjunto de ordenanzas municipales permitiría generar un círculo virtuoso de corresponsabilidad: las comunidades obtendrían beneficios económicos y reconocimiento público por adoptar prácticas solidarias; los ayuntamientos ampliarían su capacidad de detección preventiva sin incrementar significativamente sus recursos humanos; los servicios sociales podrían actuar de manera más temprana y menos reactiva; y, en términos culturales, se transmitiría un mensaje claro de que el cuidado comunitario constituye un valor público digno de reconocimiento institucional.

Se trataría, en definitiva, de una política de proximidad basada en incentivos, coherente con el principio de subsidiariedad y plenamente compatible con el ordenamiento jurídico vigente, con un potencial transformador significativo en la prevención de la soledad no deseada.

XIV.

PERSPECTIVA COMPARADA: LA SOLEDAD NO DESEADA EN OTROS ORDENAMIENTOS JURÍDICOS

El análisis del fenómeno de la soledad no deseada y de las posibles respuestas desde el ámbito de la convivencia vecinal no puede circunscribirse exclusivamente al ordenamiento jurídico español. La utilización del método comparado permite enriquecer la reflexión, identificar tendencias normativas y políticas comunes en distintos contextos, y, sobre todo, situar con mayor precisión la originalidad, los límites y la viabilidad de la propuesta de reinterpretación de la Ley de Propiedad Horizontal que se defiende en esta monografía.

Este capítulo examina las respuestas articuladas en tres contextos especialmente significativos: el Reino Unido, pionero en el reconocimiento institucional de la soledad como problema público; Japón, donde el fenómeno del kodokushi (muertes en soledad) ha generado una intensa reacción social y comunitaria; y diversos países europeos —en particular Alemania, Francia y los países nórdicos— que ofrecen modelos diferenciados de integración entre vivienda, comunidad y sistemas de cuidados. El objetivo no es realizar una traslación acrítica de soluciones ajenas, sino extraer lecciones relevantes desde una óptica jurídica, respetuosa con las singularidades constitucionales, civiles y organizativas del ordenamiento español.

14.1. EL MODELO DEL REINO UNIDO: LA PRIMERA "ESTRATEGIA CONTRA LA SOLEDAD" Y EL PAPEL DE LAS COMUNIDADES LOCALES

El Reino Unido se ha consolidado como un referente internacional en el reconocimiento político e institucional de la soledad no deseada como un reto de primer orden. La creación, en 2018, de la figura de un Minister for Loneliness —integrado en el Departamento de Digital, Cultura, Medios y Deporte— y la publicación de la Estrategia Gubernamental para combatir la soledad (A Connected Society: A Strategy for Tackling Loneliness) marcaron un hito en la configuración de una respuesta estatal sistemática frente a este fenómeno.

Dicha estrategia se apoya en un diagnóstico amplio, avalado por informes de alto impacto, como el elaborado por la Jo Cox Commission on Loneliness (2017), que puso de relieve las graves consecuencias de la soledad crónica sobre la salud física y mental, así como su relevante coste social y económico para los servicios públicos. Estos informes contribuyeron decisivamente a situar la soledad no deseada en la agenda pública como un problema transversal, con implicaciones sanitarias, sociales y comunitarias.

Desde el punto de vista institucional, la estrategia británica se caracteriza por un enfoque de "todo el gobierno" (whole-of-government approach), que trasciende el ámbito estrictamente social o sanitario. Se articula en torno a tres ejes fundamentales: i) el fortalecimiento de la evidencia científica y la recopilación sistemática de datos; ii) la integración del objetivo de lucha contra la soledad en las políticas de los distintos departamentos ministeriales; y iii) la promoción y catalización de la acción comunitaria a escala local. Es este último eje el que reviste mayor interés para el análisis desarrollado en la presente monografía.

El Gobierno británico ha impulsado, principalmente mediante instrumentos de financiación y marcos de cooperación, una pluralidad de iniciativas comunitarias de base. Programas como el Building Connections Fund han destinado recursos significativos a proyectos orientados a fomentar las conexiones sociales, muchos de ellos desarrollados en entornos residenciales y vecinales. Asimismo, se ha promovido la creación de Community Hubs a escala de barrio y el desarrollo de los denominados Befriending Services, habitualmente gestionados por organizaciones del tercer sector en colaboración con las autoridades locales.

Ahora bien, y este extremo resulta especialmente relevante desde una perspectiva jurídico-comparada, el modelo británico no se ha articulado sobre la imposición de deberes jurídicos directos a los vecinos ni a las comunidades residenciales. El régimen de la propiedad inmobiliaria —basado en figuras como el leasehold y el commonhold— difiere sustancialmente del sistema español, y no existe una norma equivalente a la Ley de Propiedad Horizontal que configure a las comunidades de propietarios como sujetos jurídicos dotados de un estatuto de convivencia. La filosofía subyacente es la de la facilitación, el empoderamiento y la cooperación voluntaria, no la de la imposición normativa de obligaciones de cuidado entre particulares.

En este contexto, merece especial atención la figura de los Social Prescribing Link Workers integrados en el Servicio Nacional de Salud (NHS). Estos profesionales, incorporados a los equipos de atención primaria, pueden derivar a los pacientes hacia actividades comunitarias o recursos sociales cuando se detecta que el aislamiento o la soledad inciden negativamente en su salud. Este mecanismo institucionaliza un puente entre el sistema sanitario y el tejido comunitario, reconociendo expresamente la dimensión social de la salud y la importancia de los vínculos relacionales como factor de bienestar.

La experiencia británica demuestra la viabilidad de abordar la soledad no deseada como una prioridad pública de carácter transversal, dotándola de recursos, evidencia empírica y estructuras de coordinación. Al mismo tiempo, su énfasis en la acción comunitaria desde la facilitación —y no desde la coerción— refuerza la tesis central de esta monografía: el papel de las comunidades de propietarios debe concebirse como el de agentes colaboradores voluntarios dentro de un ecosistema más amplio de cuidados, y no como sujetos obligados a asumir deberes asistenciales impropios. Asimismo, la lógica del "prescriptor social" ofrece un referente interesante para profundizar en la integración entre los servicios sociales de base existentes en España y la detección temprana de situaciones de vulnerabilidad que pueda producirse en el ámbito vecinal.

14.2. LA EXPERIENCIA EN JAPÓN: MEDIDAS CONTRA EL KODOKUSHI Y LA IMPLICACIÓN VECINAL

Japón constituye un caso paradigmático en el análisis de la soledad no deseada y de sus manifestaciones más extremas. El fenómeno conocido como kodokushi (孤独死), traducido habitualmente como "muerte en soledad", se refiere a situaciones en las que una persona fallece en su domicilio y su cuerpo no es descubierto hasta días, semanas o incluso meses después. Este fenómeno ha adquirido una notable visibilidad social y mediática, convirtiéndose en un símbolo de los profundos cambios demográficos, culturales y comunitarios que atraviesa la sociedad japonesa.

Entre los factores estructurales que explican la extensión del kodokushi destacan el acelerado envejecimiento de la población, el aumento sostenido de personas mayores que viven solas, la progresiva disolución de las estructuras familiares tradicionales y una cultura fuertemente marcada por el valor de la autosuficiencia y la evitación de convertirse en una carga para terceros (meiwaku). La combinación de estos elementos ha generado un contexto especialmente propicio para formas extremas de aislamiento social.

La respuesta japonesa frente a este fenómeno presenta una marcada impronta comunitaria, aunque se caracteriza por una menor sistematización estatal que la observada en el modelo británico. La mayor parte de las iniciativas han surgido en el ámbito local, impulsadas por municipios, asociaciones vecinales y redes de voluntariado, especialmente en zonas urbanas con alta concentración de personas mayores que viven solas.

Un elemento central de estas políticas locales es el denominado mimamori (見守り), término que puede traducirse como "cuidado observante" o "vigilancia atenta". Bajo esta denominación se agrupan múltiples prácticas de detección temprana y acompañamiento, que oscilan entre fórmulas informales y programas más institucionalizados. En su vertiente más básica, el mimamori consiste en acuerdos vecinales para mantener contactos periódicos con personas mayores del entorno inmediato. En otros casos, los gobiernos locales han establecido programas estructurados en colaboración con asociaciones de voluntarios, comercios de barrio y empresas de servicios.

Entre los mecanismos más utilizados se encuentran los denominados "sistemas de verificación visual", mediante los cuales la persona mayor exhibe diariamente un objeto visible —como una tarjeta o un banderín— en una ventana o puerta a una hora acordada. La ausencia de dicha señal activa una comprobación por parte de un vecino designado o de un voluntario. Asimismo, algunas iniciativas implican a empresas de suministro (agua, gas, electricidad) o de reparto, que informan a los servicios sociales cuando detectan patrones de consumo anómalos compatibles con una posible situación de riesgo. En los últimos años, se ha extendido también el uso de tecnologías no invasivas, como sensores de movimiento o de apertura de puertas, conectados a familiares o centros de monitorización, a menudo subvencionados por las autoridades locales.

No obstante, el modelo japonés plantea importantes tensiones desde la perspectiva de los derechos fundamentales. Diversos autores y organismos han señalado el riesgo de que determinadas prácticas de mimamori, especialmente en sus formas más intensivas o tecnológicamente mediadas, deriven en dinámicas de vigilancia permanente que erosionen la autonomía personal y el derecho a la intimidad. La línea divisoria entre cuidado y control resulta particularmente delicada en un contexto cultural donde la presión social y el estigma asociado a la dependencia pueden reforzar la aceptación acrítica de estas medidas.

Asimismo, se ha advertido que la carga efectiva de estas prácticas comunitarias recae con frecuencia de manera desproporcionada sobre mujeres y personas mayores, reproduciendo desigualdades de género y generacionales en la asunción de responsabilidades de cuidado. A ello se suma un elemento estructural decisivo: la eficacia del mimamori depende en gran medida de la existencia de un capital social previo sólido, circunstancia que no siempre concurre en los entornos urbanos contemporáneos, cada vez más fragmentados y anónimos.

La experiencia japonesa ofrece enseñanzas ambivalentes de gran valor para el análisis jurídico. Por un lado, confirma que la proximidad vecinal puede constituir un instrumento extremadamente eficaz para la detección temprana de situaciones de riesgo vital, especialmente en contextos de envejecimiento avanzado. Ilustra, además, el potencial de la cooperación entre administraciones públicas, comunidad vecinal y actores privados en la prevención de situaciones extremas de aislamiento.

Por otro lado, el caso japonés actúa como una advertencia clara sobre los riesgos de un diseño inadecuado de estas intervenciones. En el contexto español, cualquier actuación comunitaria orientada a la prevención de la soledad no deseada debe incorporar desde su origen salvaguardias jurídicas robustas frente al paternalismo y la injerencia indebida en la vida privada. El peso constitucional del derecho a la intimidad (art. 18 CE), del libre desarrollo de la personalidad (art. 10.1 CE) y del principio de dignidad humana impone límites más explícitos y exigentes que los observados en algunas prácticas japonesas.

La conclusión que se extrae es clara: la implicación vecinal resulta un recurso imprescindible, pero solo puede desplegarse legítimamente dentro de una arquitectura jurídica que garantice que la atención comunitaria no se transforme en control social, sino que opere como una auténtica red de cuidado respetuosa con la autonomía y los derechos fundamentales de las personas afectadas.

14.3. ENFOQUES EN OTROS PAÍSES EUROPEOS: INICIATIVAS LEGISLATIVAS, POLÍTICAS PÚBLICAS Y EL PAPEL DE LA VIVIENDA COLABORATIVA

En el ámbito europeo, las respuestas jurídicas y políticas frente a la soledad no deseada y el aislamiento social en el entorno residencial presentan una notable diversidad. No obstante, pueden agruparse en torno a dos grandes líneas de actuación: de un lado, la evolución del Derecho de la propiedad y de la convivencia hacia concepciones más comunitarias; de otro, la promoción activa de modelos residenciales alternativos que integran vivienda, cuidados y vida comunitaria.

a) Alemania: deberes de consideración mutua y tradición cooperativa

Alemania ofrece un punto de comparación especialmente relevante con el ordenamiento español, al contar con una normativa específica en materia de propiedad horizontal, la Wohnungseigentumsgesetz (WEG). La doctrina y la jurisprudencia alemanas han desarrollado una concepción marcadamente comunitaria de la convivencia en régimen de propiedad horizontal, articulada en torno al principio de los deberes de consideración mutua (Rücksichtnahmepflicht), derivados de la coexistencia estrecha en un mismo inmueble.

Este deber general de consideración, análogo funcionalmente a la función social de la propiedad, permite fundamentar limitaciones a la conducta individual cuando resulta lesiva para el bienestar comunitario o para los derechos de otros copropietarios. En supuestos de alteración grave de la convivencia, riesgos para la seguridad o situaciones de deterioro que afectan al conjunto del edificio, la Wohnungseigentümergemeinschaft dispone de amplias facultades de actuación.

Aunque el Derecho alemán no contiene previsiones expresas relativas a la soledad no deseada, el marco jurídico vigente —interpretado a la luz del principio constitucional de dignidad humana (Menschenwürde, art. 1 GG) y del carácter social del

Estado (Sozialstaat, art. 20 GG)— ofrece bases conceptuales sólidas para legitimar intervenciones comunitarias preventivas en contextos de vulnerabilidad extrema. A ello se suma la existencia de una potente red de servicios sociales de proximidad (Sozialstationen) y una arraigada tradición de vivienda cooperativa (Genossenschaftswohnungen), que favorece dinámicas de pertenencia y apoyo mutuo más intensas que las propias del modelo de propiedad individual estricta.

b) Francia: intervención pública, contractualización del apoyo y políticas locales

Francia ha optado por un enfoque más claramente intervencionista desde el Derecho público y las políticas sociales. La Ley ELAN (2018) introdujo la figura del logement solidaire, permitiendo a los poderes públicos incorporar criterios de solidaridad intergeneracional y apoyo comunitario en nuevas promociones de vivienda, mediante la reserva de unidades destinadas a personas mayores o en situación de vulnerabilidad, integradas en entornos con servicios de acompañamiento.

Más allá del plano normativo estatal, el modelo francés se caracteriza por una fuerte descentralización de la acción social en los departamentos y municipios, que cuentan con amplias competencias para desarrollar planes locales de prevención de la dependencia, del aislamiento y de la exclusión social. En este contexto han surgido experiencias innovadoras, como los denominados cantineros solidarios o fórmulas de convivencia intergeneracional, en las que personas jóvenes acceden a vivienda en condiciones ventajosas a cambio de compromisos de acompañamiento y presencia activa en favor de vecinos mayores.

Desde una perspectiva jurídica, estas iniciativas resultan especialmente relevantes porque tienden a formalizar contractualmente relaciones de apoyo que, en otros contextos, permanecen en el ámbito de lo informal. La contractualización del cuidado aporta seguridad jurídica, delimita derechos y obligaciones y reduce el riesgo de ambigüedad o conflicto, aunque su aplicabilidad generalizada al parque de vivienda existente resulta limitada y depende en gran medida del impulso público y de la voluntad de los actores implicados.

c) Países nórdicos: integración estructural entre vivienda, comunidad y cuidados

Los países nórdicos (Suecia, Dinamarca, Noruega y Finlandia) representan el modelo más avanzado de integración entre política de vivienda, servicios públicos y vida comunitaria. En estos ordenamientos, el cohousing (bofællesskab, kollektivhus) no constituye una alternativa marginal, sino una opción residencial reconocida, regulada y fomentada activamente por las políticas públicas.

Estas comunidades combinan viviendas privadas con amplios espacios comunes —cocinas, comedores, salas de ocio, talleres— y se organizan sobre la base de valores de cooperación, corresponsabilidad y apoyo mutuo. Aunque no están diseñadas específicamente para combatir la soledad no deseada, su efecto preventivo resulta evidente. El Estado nórdico, sustentado en un sólido sistema de bienestar, no delega en estas comunidades la responsabilidad última del cuidado, pero las reconoce como entornos salutogénicos que reducen la incidencia del aislamiento y la presión sobre los servicios sanitarios y sociales.

La legislación urbanística y de vivienda facilita activamente estos modelos mediante la reserva de suelo, incentivos normativos y apoyo financiero. Este enfoque encarna una prevención proactiva y estructural: en lugar de intervenir una vez instaurado el aislamiento, se crean entornos residenciales que lo dificultan desde su diseño mismo.

El panorama europeo ofrece herramientas conceptuales y prácticas de gran valor. De Alemania, puede extraerse el desarrollo del deber de consideración mutua como categoría interpretativa útil para enriquecer los deberes de convivencia previstos en la LPH. De Francia, resulta sugerente la formalización jurídica de determinadas relaciones de apoyo vecinal, que aporta claridad y seguridad, aunque con un alcance necesaria-

mente limitado. De los países nórdicos, la lección es fundamentalmente estructural y cultural: la necesidad de trascender
un enfoque reactivo de la vivienda y apostar por políticas urbanísticas y residenciales que promuevan activamente la dimensión comunitaria del habitar.

14.4. LECCIONES APRENDIDAS Y SU POSIBLE ADAPTACIÓN AL MARCO ESPAÑOL

La perspectiva comparada no proporciona modelos directamente trasplantables. Cada respuesta nacional se encuentra
profundamente condicionada por su tradición jurídica, su estructura social y su modelo de Estado de bienestar. No obstante, del análisis realizado emergen principios transversales que
pueden orientar de manera informada la propuesta española
de reinterpretación humanizadora de la Ley de Propiedad Horizontal.

1. La elevación del fenómeno a prioridad pública. La experiencia británica pone de relieve el efecto catalizador de
   reconocer la soledad no deseada como un reto político
   de primer orden, dotado de estrategia transversal, recursos específicos y coordinación interadministrativa. España ha avanzado de forma fragmentaria mediante planes
   autonómicos, pero carece aún de una estrategia estatal
   integral que incorpore explícitamente el papel de los
   entornos comunitarios y vecinales.
2. El principio de subsidiariedad y colaboración. Todos los
   modelos analizados comparten una clara delimitación
   de roles: la comunidad actúa como espacio de detección, alerta y acompañamiento básico, pero nunca como
   sustituto del Estado. En el contexto español, este principio debe quedar nítidamente afirmado: la comunidad
   observa y comunica; los servicios sociales, sanitarios o
   judiciales valoran e intervienen profesionalmente.

3. La centralidad de la autonomía y la intimidad. La advertencia japonesa resulta especialmente relevante. La eficacia en la detección temprana no puede legitimar prácticas de vigilancia sistemática ni dinámicas paternalistas. El marco constitucional español, con una protección intensa del derecho a la intimidad (art. 18 CE), ofrece un estándar garantista que debe preservarse como límite infranqueable.

4. La diversificación de instrumentos. Las respuestas más eficaces combinan Derecho, políticas públicas, tecnología y acción comunitaria. En España, la eventual reforma de la LPH debe complementarse con protocolos orientativos, formación profesional, incentivos fiscales locales y ajustes en la normativa urbanística y de edificación.

5. El valor del diseño arquitectónico. Las experiencias nórdicas evidencian que el espacio físico condiciona las relaciones sociales. Una política preventiva de la soledad exige integrar criterios de "salud social" y convivencia en la legislación urbanística y de vivienda, promoviendo una auténtica arquitectura del cuidado.

6. La necesidad de evaluación empírica. El enfoque británico basado en evidencia constituye un antídoto frente al voluntarismo. Cualquier medida que se implante en el contexto español debe ir acompañada de mecanismos de evaluación y seguimiento que permitan ajustar las políticas y demostrar su impacto real.

Ningún ordenamiento ha resuelto de forma definitiva el desafío de la soledad no deseada, y menos aún mediante la sola regulación de la propiedad horizontal. Sin embargo, la experiencia internacional confirma la intuición central de esta monografía: el entorno vecinal inmediato es un espacio jurídicamente relevante para la prevención. La aportación específica del ordenamiento español puede consistir en la construcción de un modelo jurídicamente sólido, constitucionalmente garantista y comunitariamente sensible, capaz de equilibrar el deber de solidaridad con el derecho a la intimidad y a la autodeterminación. En ese delicado equilibrio se juega la posibilidad de un Derecho civil verdaderamente a la altura de los desafíos contemporáneos.

XV.

Análisis de la Responsabilidad Jurídica de la Comunidad y sus Órganos

15.1. LA RESPONSABILIDAD POR OMISIÓN: ¿EXISTE UN DEBER DE ACTUAR? ANÁLISIS DEL ARTÍCULO 195 DEL CÓDIGO PENAL Y SU DIFÍCIL ENCAJE

La posible responsabilidad por omisión constituye uno de los núcleos más sensibles en la delimitación de los márgenes de actuación legítima de una comunidad de propietarios ante situaciones de soledad no deseada que puedan implicar riesgos graves para la persona afectada. Desde la perspectiva penal, el ordenamiento jurídico español tipifica en el artículo 195 del Código Penal el delito de omisión del deber de socorro, sancionando a quien no socorriere a una persona que se halle desamparada y en peligro manifiesto y grave, siempre que pudiera hacerlo sin riesgo propio ni de terceros.

La doctrina y la jurisprudencia han caracterizado este tipo penal como un delito de omisión pura, cuyos elementos estructurales son: (i) la existencia de una situación de peligro actual, grave y manifiesto; (ii) la posibilidad real de prestar auxilio sin riesgo; y (iii) la concurrencia de un deber jurídico mínimo de actuación, que recae, en principio, sobre cualquier persona que se encuentre en condiciones de prestar ayuda.

La proyección de este precepto sobre el ámbito de las comunidades de propietarios plantea, sin embargo, notables dificultades dogmáticas y prácticas. En primer lugar, el concepto de "peligro manifiesto y grave" exige un elevado grado de objetivación. Mientras que situaciones de emergencia inmediata —como la audición de gritos de auxilio, la percepción de humo procedente de una vivienda o la constatación directa de una caída— pueden subsumirse sin dificultad en el tipo penal, la mayor parte de los supuestos de soledad no deseada se caracterizan por una evolución lenta, silenciosa y progresiva, en la que el riesgo no se presenta con la inmediatez ni la evidencia exigidas por el derecho penal.

La mera acumulación de indicios indirectos —correo sin recoger, persianas permanentemente bajadas, ausencia prolongada de actividad— difícilmente alcanza, por sí sola, el umbral de "peligro manifiesto" requerido por el artículo 195 CP. La jurisprudencia penal ha interpretado este requisito de forma restrictiva, exigiendo que el peligro sea inequívocamente perceptible para una persona media en las circunstancias concretas del caso. Esta interpretación responde tanto al principio de legalidad penal como a la necesidad de evitar una expansión indebida del derecho penal hacia ámbitos de control social o de vigilancia preventiva.

En el contexto vecinal, esta exigencia cobra una especial relevancia. No basta con que un vecino particularmente atento o sensible detecte anomalías sutiles en la conducta de otro residente. El peligro debe ser objetivamente apreciable, descartando explicaciones alternativas razonables. La acumulación de correspondencia durante varios días, por ejemplo, puede obedecer a causas perfectamente inocuas —un viaje, una estancia temporal fuera del domicilio, un simple descuido— y solo cuando dichos indicios se prolongan en el tiempo, se combinan con otros signos concordantes y existe un conocimiento previo de circunstancias de especial vulnerabilidad, podría comenzar a perfilarse una situación próxima al umbral penalmente relevante.

A ello se añade una cuestión adicional de gran complejidad: la imputación del conocimiento del riesgo en el seno de la comunidad. La comunidad de propietarios, como ente colectivo, carece de percepción sensorial propia. El conocimiento de los hechos se canaliza necesariamente a través de sus miembros individuales o de sus órganos de gobierno. En consecuencia, no cualquier conocimiento aislado puede considerarse conocimiento jurídicamente relevante a efectos de activar un eventual deber de actuación colectiva. Si un único vecino alberga sospechas que no comunica, difícilmente puede imputarse a la comunidad un conocimiento institucional del peligro. Por el contrario, cuando varios residentes trasladan hechos objetivos y coincidentes al presidente o al administrador, y estos órganos tienen constancia fehaciente de indicios graves, podría hablarse de un conocimiento cualificado susceptible de generar un deber mínimo de reacción.

La cuestión se complica aún más si se analiza desde la perspectiva de la responsabilidad penal de las personas jurídicas. Aunque la comunidad de propietarios goza de personalidad jurídica, el delito de omisión del deber de socorro se configura típicamente como un delito imputable a personas físicas. La responsabilidad penal de las personas jurídicas, introducida de forma general en la reforma del Código Penal de 2010, se vincula a delitos cometidos en su beneficio directo o indirecto, lo que excluye, en principio, la omisión de socorro. En consecuencia, resulta altamente improbable la imputación penal directa a la comunidad como tal. No obstante, sí podría plantearse la responsabilidad penal individual del presidente o del administrador que, teniendo conocimiento cierto de una situación de peligro manifiesto y grave, omitiera deliberadamente la actuación mínima exigible, como la comunicación a los servicios de emergencia.

Este extremo refuerza la importancia de subrayar que el deber de socorro penal es un deber de mínimos. Se satisface con una actuación elemental, generalmente identificada con la llamada al 112 o a los servicios de emergencia competentes. No exige intervención directa, asistencia personal ni la asunción de funciones asistenciales impropias. Desde esta perspectiva, una comunidad de propietarios —o sus órganos— que, ante indicios suficientemente graves, comunique la situación a los servicios de emergencia o sociales, estaría cumpliendo con el estándar penal mínimo, descartando cualquier eventual responsabilidad por omisión.

Ahora bien, la aparente simplicidad de esta actuación contrasta con la complejidad del proceso deliberativo que la precede. La llamada a los servicios de emergencia es técnicamente sencilla, inmediata y carente de riesgo personal, pero la decisión de efectuarla cuando no existe una emergencia evidente implica un juicio prudencial sobre la gravedad de la situación, la proporcionalidad de la intervención y el respeto a la intimidad de la persona afectada. Es precisamente en este espacio previo —el de la deliberación razonada ante indicios ambiguos— donde el protocolo propuesto en esta monografía encuentra su justificación. No se trata de sustituir la reacción inmediata ante emergencias manifiestas, sino de ofrecer un marco escalonado y garantista para afrontar los supuestos grises, mucho más frecuentes, en los que una actuación precipitada puede resultar tan lesiva como la inacción.

Desde un plano aún más fundamental, debe rechazarse de forma expresa la existencia de un deber general de vigilancia vecinal. El derecho penal español no impone a los ciudadanos —ni individualmente ni de forma colectiva— una obligación de supervisión activa de la vida privada de sus vecinos. La comunidad de propietarios no es garante de la integridad personal de sus miembros ni titular de funciones de control social. Cualquier interpretación expansiva del artículo 195 CP que pretendiera derivar un deber de vigilancia permanente vulneraría frontalmente el derecho a la intimidad y el libre desarrollo de la personalidad.

En consecuencia, la responsabilidad penal por omisión solo podría plantearse en supuestos extremos y excepcionales, caracterizados por la existencia de un peligro evidente, grave e inminente, objetivamente perceptible en el curso ordinario de la convivencia, y siempre que, una vez conocido dicho peligro, se omitiera la actuación mínima exigible. Fuera de estos límites, no cabe construir jurídicamente un deber penal de intervención.

Esta conclusión es plenamente coherente con el modelo constitucional de sociedad libre y democrática. El ordenamiento jurídico español no impone una obligación jurídica de cuidado mutuo más allá de la solidaridad mínima exigible ante peligros manifiestos. No existe un deber legal de conocer la vida privada de los vecinos, de controlar sus hábitos o de interesarse activamente por su bienestar cotidiano. Tales comportamientos pertenecen al ámbito de la ética personal o de la responsabilidad moral, pero no pueden imponerse coactivamente sin erosionar espacios esenciales de libertad individual. La comunidad de propietarios, como organización básica de convivencia patrimonial, participa de esta misma lógica. Su función no es asistencial ni tuitiva respecto de la vida privada de sus miembros, sino organizativa respecto del inmueble compartido. Cualquier extensión de sus competencias hacia formas de vigilancia o control social resultaría incompatible con los derechos fundamentales y con la propia naturaleza del régimen de propiedad horizontal.

15.2. LA RESPONSABILIDAD CIVIL EXTRACONTRACTUAL (ART. 1902 CC): SUPUESTOS DE NEGLIGENCIA COMUNITARIA ANTE RIESGOS EVIDENTES Y DAÑOS DERIVADOS

Más allá del plano penal, el análisis debe completarse desde la responsabilidad civil extracontractual del artículo 1902 del Código Civil, que impone la obligación de reparar el daño causado por acción u omisión cuando concurra culpa o negligencia y exista relación de causalidad jurídicamente relevante. La jurisprudencia ha consolidado una concepción relacional y circunstanciada de la diligencia exigible: no se trata de un estándar abstracto e invariable, sino de la conducta esperable atendiendo a la naturaleza de la situación, las circunstancias del tiempo y del lugar y las posibilidades reales del agente.

Trasladado al contexto comunitario, la pregunta clave es: ¿puede la comunidad de propietarios incurrir en negligencia por no actuar ante signos objetivamente alarmantes de una situación de vulnerabilidad que finalmente desemboca en un daño? La respuesta exige una ponderación cuidadosa.

Por un lado, la comunidad no tiene un deber jurídico general de cuidado (duty of care) hacia la esfera privada y personal de cada propietario u ocupante. Su objeto y fin, definidos en la LPH, se centran en la conservación del inmueble y el buen régimen de la convivencia, no en la provisión de servicios sociales o de salud.

Sin embargo, podría argumentarse —y esta es la tesis que este trabajo explora— que en supuestos límite, la propia LPH, interpretada a la luz de los principios constitucionales de dignidad humana y función social de la propiedad, puede generar un estándar de diligencia comunitaria. Este estándar no sería un deber general de cuidado personal, sino un deber institucional de no permanecer en una inacción absoluta y deliberada ante circunstancias que, siendo objetivamente conocidas por los órganos de la comunidad (presidente, administrador, junta), configuren un riesgo previsible y grave para bienes jurídicos básicos de una persona, y que a la vez afecten al "buen régimen de la casa" en su sentido más amplio.

La construcción de este estándar de diligencia comunitaria específico requiere un análisis detallado de los elementos que configuran la responsabilidad civil por omisión. En primer lugar, debe existir un nexo de causalidad entre la omisión y el daño producido. Este nexo debe ser jurídicamente relevante, lo que implica que la actuación omitida debía estar dentro del ámbito de lo razonablemente exigible a la comunidad.

No se trata de aplicar un estándar de resultado (la comunidad no garantiza que nunca ocurra un daño a ningún vecino), sino un estándar de conducta (la comunidad debe actuar con la diligencia esperable en las circunstancias del caso). La causalidad, en estos supuestos, suele ser hipotética: se pregunta si, de haber actuado la comunidad, el daño se habría evitado o mitigado. Esta pregunta, en el ámbito de las situaciones de vulnerabilidad social, es extraordinariamente compleja. Por ejemplo, si una persona mayor fallece sola en su domicilio tras varios días sin ser descubierta, ¿habría evitado su muerte una comunicación más temprana a servicios sociales por parte de la comunidad? La respuesta depende de múltiples factores médicos y circunstanciales que escapan al control comunitario. Por ello, los supuestos en los que podría prosperar una demanda por responsabilidad civil contra la comunidad se limitan, en la práctica, a aquellos en los que la omisión es especialmente flagrante y el nexo causal es razonablemente claro.

En segundo lugar, la culpa o negligencia debe valorarse en función de las circunstancias específicas del caso y de las capacidades reales de la comunidad. No puede exigirse a una comunidad de vecinos la misma diligencia que a un profesional sanitario o a una institución pública especializada. La comunidad está formada por ciudadanos ordinarios, sin formación específica en detección de riesgos sociales o sanitarios, y sus recursos son limitados. El estándar aplicable es, por tanto, el del bonus pater familias adaptado al contexto comunitario: ¿habría actuado de manera diferente una comunidad razonablemente diligente, compuesta por personas prudentes y de buena fe, en las mismas circunstancias? Esta pregunta debe responderse teniendo en cuenta no solo lo que la comunidad sabía, sino también lo que razonablemente podía saber y lo que efectivamente podía hacer sin exceder sus competencias legales ni vulnerar derechos fundamentales. Por ejemplo, si una comunidad conoce que un vecino anciano vive solo, tiene movilidad reducida, y en los últimos meses ha sufrido varias caídas que han requerido la intervención de emergencias (información que puede ser conocida por el portero o por vecinos cercanos), y si además se detecta una acumulación prolongada de correo y una ausencia total de señales de vida durante una semana, la omisión de cualquier actuación —ni siquiera una llamada al 112 o a servicios sociales— podría considerarse negligente si finalmente se descubre que la persona ha fallecido o ha sufrido un daño grave que podría haberse evitado con una intervención temprana.

Un ejemplo ilustrativo sería el de un síndrome de Diógenes avanzado que genera insalubridad (olores, plagas) y riesgo de incendio, afectando a la seguridad y salubridad del inmueble. La jurisprudencia (como la citada SAP Barcelona de 10 de junio de 2015) ha reconocido la legitimidad de la comunidad para actuar en tales casos. Si la comunidad, conociendo esta situación objetivamente peligrosa y nociva, no adoptara ninguna medida prudencial —ni requerimiento al propietario, ni comunicación a servicios sociales o sanitarios— y se produjera un daño (por ejemplo, una infestación que afecte a otras viviendas o un incendio), podría surgir un debate sobre su posible negligencia en el cumplimiento de sus deberes de conservación (art. 10 LPH) y de velar por el buen régimen (art. 20 LPH).

El síndrome de Diógenes presenta características específicas que facilitan la configuración de responsabilidad comunitaria. A diferencia de otras situaciones de soledad o vulnerabilidad que permanecen en el ámbito estrictamente privado, el síndrome de Diógenes avanzado trasciende necesariamente la esfera individual y genera externalidades negativas que afectan directamente al inmueble y a terceros. Los olores intensos y persistentes, las plagas de insectos o roedores, el riesgo de incendio derivado de la acumulación de material combustible, y la degradación estructural que puede provocar la acumulación de basura y líquidos, son todos ellos elementos que conectan directamente con las competencias y deberes legales de la comunidad según la LPH. En estos casos, no se trata ya de una intervención motivada únicamente por la preocupación por el bienestar de la persona afectada (lo cual, como se ha argumentado, excedería las funciones comunitarias), sino de una actuación dirigida a proteger la integridad del inmueble y los derechos de los demás propietarios, que incidentalmente también puede beneficiar a la persona que sufre el síndrome. Esta doble dimensión —protección del inmueble y preocupación por el vecino— es la que dota de legitimidad y solidez jurídica a la intervención comunitaria en estos supuestos.

Además, en casos de síndrome de Diógenes, la responsabilidad puede no limitarse a la esfera civil, sino extenderse también al ámbito administrativo y sancionador. Los ayuntamientos tienen competencias en materia de salubridad pública y pueden dictar órdenes de ejecución forzosa de limpieza y desinsectación, que recaerán sobre el propietario de la vivienda afectada. Si la comunidad no comunica la situación a las autoridades sanitarias municipales, y esta situación se prolonga generando un riesgo para la salud pública, la ausencia de comunicación puede retrasar la intervención administrativa y prolongar la exposición al riesgo, sin perjuicio de las obligaciones que, en su caso, resulten de la normativa local aplicable. Este aspecto refuerza la necesidad de que las comunidades dispongan de protocolos claros que incluyan la comunicación a Salud Pública como una de las vías de actuación en casos de insalubridad grave.

No obstante, la configuración de una responsabilidad civil en estos términos sería excepcional. Requeriría acreditar: a) el conocimiento efectivo por parte de los órganos comunitarios de unos hechos objetivos y graves; b) la razonable previsibilidad del daño a partir de esos hechos; c) la existencia de una acción u omisión viable, proporcionada y ajustada a la LPH que pudiera haberlo evitado (como la comunicación a autoridades); y d) un nexo causal entre la omisión comunitaria y el daño producido. La carga de la prueba recaería sobre quien reclame la indemnización, y el estándar de diligencia exigible a una comunidad de vecinos, compuesta por legos, sería notablemente inferior al exigible a profesionales o autoridades públicas.

La distribución de la carga de la prueba en estos litigios merece una consideración específica. En el proceso civil español, corresponde al demandante acreditar los hechos constitutivos de su pretensión. Esto significa que quien reclame una indemnización por daños derivados de la omisión comunitaria deberá probar no solo que la comunidad conocía la situación de riesgo, sino también que podía actuar, que no actuó, y que su inacción fue la causa determinante del daño. Esta carga probatoria es muy exigente, especialmente cuando se trata de demostrar el conocimiento de los órganos comunitarios. Las actas de la junta de propietarios rara vez recogerán discusiones sobre la situación personal de un vecino, precisamente porque estas cuestiones suelen mantenerse en la informalidad y en conversaciones privadas. Los correos electrónicos, mensajes de WhatsApp u otras comunicaciones entre vecinos o con el administrador podrían ser medios de prueba, pero su obtención puede plantear problemas de protección de datos y de inviolabilidad de las comunicaciones. Además, incluso probando que existía conocimiento, aún habría que demostrar que la actuación omitida habría evitado el daño, lo cual en muchos casos será especulativo. Por todo ello, las demandas por responsabilidad civil contra comunidades de propietarios por omisión en situaciones de vulnerabilidad social tienen escasas probabilidades de prosperar, salvo en supuestos verdaderamente flagrantes donde la pasividad comunitaria sea manifiesta e injustificada.

15.3. LA RESPONSABILIDAD POR ACCIÓN INDEBIDA: CONSECUENCIAS DE UNA INTERVENCIÓN DESPROPORCIONADA O QUE VULNERE EL DERECHO A LA INTIMIDAD (ART. 18 CE)

Si la omisión plantea riesgos jurídicos en supuestos extremos, la acción desproporcionada o intrusiva los plantea de forma más directa y frecuente. Una intervención comunitaria que traspase los límites establecidos por la Ley de Propiedad Horizontal y los derechos fundamentales puede generar diversos tipos de responsabilidad.

En primer lugar, la vulneración del derecho fundamental a la intimidad personal y familiar (art. 18.1 CE) puede dar lugar a una acción de amparo constitucional, además de a una demanda por daños y perjuicios basada en el artículo 1902 CC. Actuaciones como la entrada no consentida en un domicilio, la instalación de mecanismos de vigilancia dirigidos a la puerta de una vivienda, la difusión de rumores o informaciones sobre la vida privada de un vecino en actas o circulares, o la imposición de visitas o controles sociales, carecen de cobertura legal y constituyen injerencias ilegítimas. La jurisprudencia del Tribunal Constitucional ha sido especialmente celosa en la protección del domicilio como espacio privilegiado de la intimidad (STC 231/1988).

La protección constitucional del domicilio tiene una intensidad especial en nuestro ordenamiento jurídico, que lo distingue incluso del derecho a la intimidad en sentido amplio. El artículo 18.2 de la Constitución establece que el domicilio es inviolable y que ninguna entrada o registro podrá hacerse en él sin consentimiento del titular o resolución judicial, salvo en caso de flagrante delito. Esta protección no se limita al aspecto físico del domicilio como espacio arquitectónico, sino que abarca su dimensión funcional como ámbito de desarrollo de la vida privada, familiar e íntima. El Tribunal Constitucional ha extendido la protección incluso a espacios que técnicamente no son domicilio en sentido civil, cuando en ellos se desarrolla vida privada. Para las comunidades de propietarios, esta jurisprudencia implica que no solo está prohibida la entrada física no consentida en una vivienda, sino también cualquier forma de vigilancia o control que, desde las zonas comunes, se dirija específicamente a observar o registrar lo que ocurre en el interior de un domicilio o en su acceso inmediato. Por ejemplo, la instalación de una cámara de videovigilancia en el rellano que, aunque esté orientada hacia la escalera, capte también la puerta de una vivienda determinada de manera que permita controlar quién entra y sale y a qué horas, podría considerarse una injerencia desproporcionada en la intimidad domiciliaria, especialmente si no existe una justificación objetiva de seguridad y si esa cámara puede individualizarse como dirigida a controlar específicamente a esa vivienda.

La jurisprudencia ha establecido que no cualquier injerencia en la intimidad o el domicilio constituye una vulneración del derecho fundamental, sino solo aquellas que no están justificadas. Para que una limitación de estos derechos sea constitucionalmente legítima, debe cumplir un triple test: legalidad (debe existir una base legal habilitante), necesidad (debe perseguir un fin legítimo y ser idónea para alcanzarlo) y proporcionalidad (debe ser la medida menos gravosa de entre las posibles y los beneficios deben superar a los perjuicios). Trasladado al ámbito comunitario, esto significa que una actuación que pudiera afectar a la intimidad o al domicilio de un vecino solo sería legítima si: primero, existe una norma legal que la ampare (como el artículo 7.2 LPH en casos de actividades prohibidas que afecten al inmueble); segundo, persigue un fin legítimo (protección de la salubridad, seguridad o convivencia); tercero, es idónea para alcanzar ese fin; cuarto, no existe otra medida menos invasiva que sea igualmente efectiva; y quinto, el beneficio esperado (protección de bienes jurídicos importantes) supera claramente el perjuicio causado (limitación de la intimidad). Este test debe aplicarse con especial rigor cuando se trata de derechos fundamentales, y la comunidad debe ser capaz de justificar documentadamente cada uno de estos extremos si su actuación fuera cuestionada judicialmente.

En segundo lugar, una actuación comunitaria basada en hechos falsos o realizada con temeridad podría configurar los delitos de calumnias o injurias (arts. 205 y ss. CP), o dar lugar a responsabilidad civil por daño moral. La presunción de inocencia y el derecho al honor protegen a los individuos frente a acusaciones infundadas o estigmatizantes.

El delito de calumnia, tipificado en el artículo 205 del Código Penal, exige la imputación de un delito hecha con conocimiento de su falsedad o temerario desprecio hacia la verdad. En el contexto comunitario, podría darse este supuesto si, por ejemplo, en una junta de propietarios o en una comunicación escrita de la comunidad, se afirmara falsamente que un vecino está cometiendo un delito (tráfico de drogas, explotación sexual, maltrato, etc.) sin ninguna base fáctica, movidos por prejuicios, conflictos personales o meros rumores. La falsedad debe ser conocida o asumida con temeridad, lo que excluye los supuestos de error honesto, pero incluye aquellos en los que se hacen afirmaciones graves sin haberse molestado en verificar su veracidad. La injuria, por su parte, castigada en el artículo 208 del Código Penal, protege la dignidad y la consideración social de la persona frente a acciones o expresiones que lesionen su fama o atenten contra su propia estimación. En este caso no es necesario que se impute un delito concreto; basta con expresiones gravemente ofensivas, humillantes o vejatorias. En el ámbito vecinal, calificar públicamente a una persona de "loca", "peligrosa", "sucia", "viciosa", o términos similares, especialmente si se hace de manera reiterada y en contextos donde pueda llegar a conocimiento de terceros, podría constituir un delito de injurias. Las comunidades deben ser especialmente cuidadosas en el lenguaje utilizado en las actas, en las comunicaciones escritas, y en las deliberaciones de la junta, evitando cualquier descalificación personal o estigmatización de los vecinos.

En tercer lugar, una intervención mal gestionada —por ejemplo, una comunicación a servicios sociales basada en meras suposiciones o prejuicios, sin indicios objetivos— podría generar un perjuicio para la persona afectada (estigmatización, perturbación de su tranquilidad) y, en consecuencia, responsabilidad civil para la comunidad. La clave reside, por tanto, en la proporcionalidad y en la base objetiva de la actuación. El protocolo preventivo propuesto en esta monografía está diseñado precisamente para minimizar este riesgo, estableciendo filtros de deliberación colegiada y criterios de objetivación antes de cualquier paso que pueda afectar la esfera privada.

La responsabilidad civil por daño moral derivado de una comunicación injustificada a servicios sociales presenta características particulares. El daño moral, a diferencia del daño patrimonial, no admite una cuantificación objetiva, sino que debe valorarse atendiendo a las circunstancias del caso, la entidad de la lesión, y el sufrimiento efectivamente causado. Una persona que es objeto de una intervención de servicios sociales basada en una comunicación infundada de su comunidad de vecinos puede sufrir diversos perjuicios: la angustia y el estrés derivados de la investigación social, la sensación de haber sido espiada o vigilada por sus vecinos, el deterioro de las relaciones de convivencia, la estigmatización si el hecho trasciende, e incluso consecuencias laborales o familiares si la intervención se produce en momentos delicados (por ejemplo, durante un proceso de adopción, una valoración de custodia de menores, o una solicitud de ayudas sociales, donde cualquier intervención externa puede ser malinterpretada). La jurisprudencia ha admitido la indemnización por daño moral en supuestos de vulneración de derechos fundamentales, incluso sin necesidad de probar un perjuicio patrimonial específico, pues se presume que la lesión del derecho causa en sí misma un daño indemnizable. Las cuantías de estas indemnizaciones son muy variables, oscilando normalmente entre unos pocos miles de euros en casos leves, hasta varias decenas de miles de euros en casos graves con repercusión pública o consecuencias psicológicas severas acreditadas.

15.4. RESPONSABILIDAD EN MATERIA DE PROTECCIÓN DE DATOS (RGPD Y LOPDGDD): SANCIONES POR UN TRATAMIENTO INADECUADO DE LA INFORMACIÓN

Cualquier actuación comunitaria que implique el tratamiento de datos personales —desde la mera anotación del nombre de un vecino en un acta donde se discuta su situación, hasta la comunicación de información a servicios sociales— queda sujeta al Reglamento General de Protección de Datos (UE) 2016/679 y a la Ley Orgánica 3/2018 (LOPDGDD).

Los datos relativos a la salud, la situación social o las circunstancias personales que puedan revelar vulnerabilidad son categorías especiales de datos (art. 9 RGPD), cuyo tratamiento está prohibido, con excepciones tasadas. La comunicación a servicios sociales de una situación de posible riesgo podría ampararse en la excepción del artículo 9.2.c) RGPD, que permite el tratamiento cuando es "necesario para proteger intereses vitales del interesado u otra persona física". No obstante, este encaje es estricto: requiere que la comunicación sea necesaria, proporcionada y que persiga proteger un interés vital (vida, integridad física) del propio afectado. No bastaría con un malestar subjetivo o una preocupación social genérica.

El concepto de "categorías especiales de datos" merece una explicación más detallada. El artículo 9 del RGPD enumera una serie de categorías de datos cuyo tratamiento está prohibido salvo excepciones: datos que revelen el origen étnico o racial, las opiniones políticas, las convicciones religiosas o filosóficas, la afiliación sindical, datos genéticos, datos biométricos dirigidos a identificar de manera unívoca a una persona, datos relativos a la salud, y datos relativos a la vida sexual u orientación sexual. Estos datos se consideran especialmente sensibles porque su uso indebido puede dar lugar a discriminación, estigmatización o vulneración de la dignidad de las personas. En el contexto de las actuaciones comunitarias ante situaciones de vulnerabilidad, es muy probable que se manejen datos relativos a la salud (enfermedades, discapacidades, deterioro cognitivo) o datos que revelen la situación social o económica de una persona (soledad, pobreza, abandono), que si bien no están expresamente listados en el artículo 9, pueden considerarse datos sensibles por su potencial lesivo. El RGPD exige que el tratamiento de estas categorías especiales esté específicamente justificado en alguna de las excepciones del artículo 9.2, siendo las más relevantes para nuestro caso: el consentimiento explícito del interesado (que rara vez se dará en estos supuestos), la protección de intereses vitales cuando el interesado no esté capacitado para dar su consentimiento, o el cumplimiento de obligaciones legales en el ámbito del Derecho social. La comunidad debe ser extremadamente cautelosa al manejar este tipo de información, limitando su tratamiento a lo estrictamente necesario y asegurando su confidencialidad absoluta.

Además, el principio de minimización de datos, recogido en el artículo 5.1.c) del RGPD, exige que los datos personales sean adecuados, pertinentes y limitados a lo necesario en relación con los fines para los que son tratados. Esto significa que la comunidad no debe recopilar ni conservar más información de la estrictamente necesaria para cumplir con la finalidad que justifica el tratamiento. Por ejemplo, si la finalidad es comunicar a servicios sociales una posible situación de riesgo, la información a transmitir debe limitarse a los hechos objetivos observados (acumulación de correo, olores, ausencia de señales de vida) y a los datos identificativos mínimos de la persona (nombre, dirección, posiblemente edad aproximada si es conocida), pero no debe incluir especulaciones, diagnósticos médicos no confirmados, información sobre la historia clínica pasada si se conoce por rumores, datos sobre la situación económica que no sean relevantes, o cualquier otro dato que no sea estrictamente necesario para que los servicios sociales puedan actuar.

Del mismo modo, la comunidad no debe crear "fichas" o registros permanentes sobre las situaciones personales de los vecinos, ni conservar esta información una vez cumplida la finalidad. Una vez realizada la comunicación y activada la intervención de los servicios profesionales, la documentación interna debe eliminarse, conservando únicamente una constancia mínima de que se actuó (por ejemplo, una anotación en el libro de actas indicando que "se comunicó a servicios sociales una situación de posible riesgo en la vivienda X, atendiendo a los indicios observados", sin detallar cuáles fueron esos indicios ni añadir información personal).

Las infracciones en materia de protección de datos pueden ser muy gravosas. La LOPDGDD establece sanciones que pueden llegar, para infracciones muy graves, a 20 millones de euros o al 4% del volumen de negocio anual global. Aunque una comunidad de propietarios no tiene un "volumen de negocio" en sentido estricto, las sanciones pueden ser cuantiosas. Además, se prevén sanciones para los responsables del tratamiento y para los encargados. El presidente, el administrador o los miembros de la junta que decidan comunicar datos personales sin base legal podrían enfrentarse a responsabilidad personal.

La Agencia Española de Protección de Datos ha establecido criterios específicos para la graduación de las sanciones en función de diversos factores, entre los que destacan: la naturaleza, gravedad y duración de la infracción; la intencionalidad o negligencia en la comisión; las medidas adoptadas para paliar los daños sufridos por los interesados; el grado de responsabilidad o las infracciones previas cometidas; la forma en que la autoridad de control tuvo conocimiento de la infracción; el grado de cooperación con la autoridad de control; las categorías de datos afectados; y la forma en que se conoció la infracción.

En el caso de comunidades de propietarios que actúen de buena fe, siguiendo un protocolo razonable y sin ánimo de perjudicar, y que cometan una infracción por desconocimiento o error de interpretación de la normativa, es probable que las sanciones se sitúen en el extremo inferior de las horquillas previstas, o incluso que la Agencia opte por un apercibimiento en lugar de una sanción económica, especialmente si se trata de la primera infracción y si la comunidad corrige rápidamente su conducta. Sin embargo, en casos de negligencia grave, reiteración, o actuación maliciosa (por ejemplo, difundir intencionadamente información sensible sobre un vecino para perjudicarlo o forzar su salida del edificio), las sanciones pueden ser muy severas. Por ello, la formación y la asesoría jurídica especializada son imprescindibles antes de emprender cualquier actuación que implique el tratamiento de datos personales.

Por ello, es imperativo que cualquier protocolo comunitario incorpore garantías específicas de protección de datos: limitación de la información a lo estrictamente necesario, comunicación solo a la autoridad competente (servicios sociales, 112), prohibición de registros sistemáticos, confidencialidad en las deliberaciones, y destrucción de la información personal una vez cumplida la finalidad que justificó su tratamiento.

Una garantía adicional fundamental es la designación de un interlocutor responsable dentro de la comunidad para todo lo relacionado con protección de datos. Aunque las comunidades de propietarios, por su tamaño y naturaleza, generalmente no están obligadas a designar un Delegado de Protección de Datos en los términos del artículo 37 del RGPD, sí es recomendable que el presidente o el administrador asuman expresamente esta función de velar por el cumplimiento de la normativa de protección de datos en todas las actuaciones comunitarias.

Esta persona debe tener un conocimiento suficiente de la normativa, debe supervisar que las actas, comunicaciones y documentación comunitaria cumplan con los principios de protección de datos, debe ser el punto de contacto para los pro-

pietarios que deseen ejercer sus derechos de acceso, rectifica-
ción o supresión de datos, y debe coordinar, en su caso, la
respuesta a cualquier requerimiento de la Agencia Española de
Protección de Datos. Esta designación debería formalizarse en
una junta de propietarios y constar en acta, delimitando claramente las funciones y responsabilidades asociadas. Asimismo,
la comunidad debería mantener un registro básico de las actividades de tratamiento de datos que realiza (gestión de propietarios e inquilinos, videovigilancia si la hay, comunicaciones
con autoridades en casos excepcionales), que es una obligación legal según el artículo 30 del RGPD, aunque sea de manera simplificada para entidades pequeñas.

15.5. HACIA UN EQUILIBRIO: LA DILIGENCIA DEBIDA COMO CRITERIO RECTOR PARA LA COMUNIDAD

El análisis de los distintos planos de responsabilidad jurídica, tanto por acción como por omisión, revela un escenario
especialmente delicado para las comunidades de propietarios.
La aparente disyuntiva —actuar y exponerse a un reproche
jurídico, o no hacerlo y asumir el riesgo inverso— puede generar una parálisis incompatible con la finalidad misma del Derecho. Frente a esta tensión, el concepto de diligencia debida se
configura como el criterio rector que permite articular una respuesta jurídicamente segura y materialmente razonable.

La diligencia exigible en este ámbito no es la propia de profesionales del sistema sanitario o de los servicios sociales, sino
la correspondiente al estándar civil del bonus pater familias,
adaptado a la naturaleza, funciones y límites competenciales de
la comunidad de propietarios. Este estándar no impone resultados ni exige conductas heroicas, sino un comportamiento
prudente, razonable y de buena fe, acorde con lo que cabría
esperar de una colectividad integrada por ciudadanos ordinarios en el marco de una convivencia vecinal.

Desde esta perspectiva, la diligencia debida comunitaria se
concreta en una serie de pautas básicas de actuación:

1. Observación pasiva y no intrusiva, limitada a aquello que resulte objetivamente perceptible en el curso normal de la convivencia, sin establecer mecanismos de vigilancia ni indagación activa.
2. Valoración prudente y contextual, que evite tanto la reacción precipitada ante indicios aislados como la indiferencia sistemática ante señales reiteradas y concordantes que, consideradas en su conjunto, apunten a una situación anómala.
3. Actuación proporcionada y escalonada, comenzando por las medidas menos invasivas —como un intento de contacto respetuoso, cuando resulte posible— y progresando únicamente hacia actuaciones de mayor intensidad si los indicios persisten, se agravan o concurre un elemento de urgencia.
4. Documentación mínima y confidencial, destinada exclusivamente a dejar constancia del ejercicio de la diligencia, sin acumulación innecesaria de información personal y garantizando en todo momento la reserva y confidencialidad.
5. Canalización institucional, mediante la derivación de la situación a los servicios profesionales competentes (sociales, sanitarios o de emergencia) en cuanto se supere el umbral de actuación legítima de la comunidad.

El estándar del bonus pater familias, heredero de la tradición jurídica romana y consolidado por el Derecho civil contemporáneo, no equivale al comportamiento de una persona especialmente perspicaz, altruista o comprometida, sino al de un ciudadano medio, responsable y bienintencionado, situado en circunstancias similares. Trasladado al ámbito comunitario, ello implica que no puede exigirse a la comunidad una capacidad de detección de riesgos sociales equiparable a la de los profesionales especializados, ni una dedicación extraordinaria de tiempo o recursos, ni la asunción de riesgos personales o jurídicos relevantes. Se exige, simplemente, que ante situaciones que objetivamente llamarían la atención de cualquier observador razonable en el marco ordinario de la convivencia, la comunidad no permanezca en una inacción absoluta y deliberada, sino que active los mecanismos básicos y proporcionados que se encuentren a su alcance y que no vulneren derechos fundamentales.

La aplicación de este estándar debe realizarse, además, con flexibilidad y atención a las circunstancias concretas de cada caso y de cada comunidad: el tamaño del edificio, la configuración del vecindario, los recursos disponibles, la existencia de antecedentes relevantes o el grado de cohesión social existente. Cualquier automatismo o rigidez en su aplicación sería contrario a la lógica misma de la diligencia debida y podría resultar jurídicamente contraproducente.

Una comunidad que actúe conforme a este estándar —en los términos articulados en el protocolo propuesto en esta monografía— se situará, con una elevada probabilidad, en una posición de seguridad jurídica, quedando a salvo tanto de reproches por omisión como de responsabilidades derivadas de una actuación indebida. Estará cumpliendo, en los casos extremos en que ello resulte necesario, con la dimensión social que puede proyectarse desde la propiedad horizontal, sin invadir el ámbito constitucionalmente protegido de la intimidad y de la autonomía personal. En este sentido, la diligencia debida opera como el puente jurídico que permite conciliar solidaridad y libertad en el espacio de la convivencia vecinal.

Debe añadirse, finalmente, que el ejercicio de la diligencia debida conforme a un protocolo razonable y proporcionado puede tener efectos claramente exonerantes de responsabilidad, incluso cuando con posterioridad se constate que la actuación no era estrictamente necesaria o que se basó en una apreciación errónea de los hechos. Si la comunidad actúa de buena fe, tras un proceso deliberativo colegiado, apoyándose en indicios objetivos —aunque posteriormente resulten insuficientes— y adoptando las medidas menos invasivas posibles, difícilmente podrá prosperar una reclamación de responsabilidad civil. El Derecho de daños no sanciona el error honesto de juicio, sino la culpa o la negligencia. La clave reside en la razonabilidad ex ante, atendiendo a la información disponible en el momento de la decisión, y no en la valoración retrospectiva del resultado final (ex post).

Así, por ejemplo, la comunicación prudente y objetiva a los servicios sociales de la preocupación por un vecino de edad avanzada que lleva varios días sin dar señales de vida no generará responsabilidad si posteriormente se acredita que la persona se encontraba simplemente ausente. La actuación será jurídicamente legítima si, en el momento de adoptarse, se apoyaba en indicios razonables y se realizó de forma respetuosa y proporcionada. Este enfoque, lejos de incentivar intervenciones indiscriminadas, refuerza un modelo de convivencia jurídicamente responsable, sensible a la vulnerabilidad sin sacrificar los pilares esenciales de la libertad individual.

XVI.

APLICACIÓN PRÁCTICA DEL PROTOCOLO: ANÁLISIS DE CASOS HIPOTÉTICOS

Como cierre operativo de la propuesta formulada, resulta conveniente ilustrar la aplicación del protocolo preventivo comunitario mediante la exposición de supuestos hipotéticos verosímiles, inspirados en situaciones habituales en la vida comunitaria. Estos casos no pretenden agotar la casuística posible ni establecer reglas automáticas de actuación, sino mostrar, de manera razonada, cómo el protocolo permite canalizar la preocupación vecinal dentro de márgenes jurídicamente seguros, respetuosos con los derechos fundamentales y coherentes con las competencias reales de la comunidad de propietarios.

16.1. CASO 1: PERSONA MAYOR QUE VIVE SOLA. ACUMULACIÓN DE CORRESPONDENCIA Y PERSIANAS BAJADAS DURANTE VARIOS DÍAS.

Descripción del supuesto

En un edificio residencial vive la Sra. Ana, de 82 años, viuda, propietaria de una vivienda situada en la cuarta planta. Sus hijos residen en otra ciudad y no mantienen presencia habitual en el inmueble. Un vecino del tercer piso observa que, durante aproximadamente una semana, el buzón correspondiente a la Sra. Ana presenta una acumulación notable de correspondencia sin recoger y que las persianas del salón permanecen completamente bajadas, circunstancia inusual en su rutina habitual. No se la ha visto acceder o salir de la vivienda y no responde al timbre.

Aplicación del Protocolo Preventivo Comunitario

Fase I. Detección de señales de alerta
Se identifican dos indicios objetivos y verificables: a) acumulación prolongada de correspondencia en un elemento común (buzón);b) alteración significativa de un patrón habitual de uso visible de la vivienda (persianas permanentemente bajadas).

Estas señales se detectan de forma casual, en el curso normal de la convivencia, sin mediar vigilancia activa ni conductas intrusivas.

Fase II. Comunicación interna
El vecino traslada su preocupación de manera confidencial al administrador de fincas, limitándose a describir los hechos observados, sin emitir conjeturas sobre el estado de salud o la situación personal de la Sra. Ana.

Fase III. Valoración colegiada
El administrador informa al presidente de la comunidad. Ambos valoran conjuntamente la situación, teniendo en cuenta que:

— Los indicios son objetivos, pero no permiten afirmar por sí solos la existencia de una emergencia.
— Existen explicaciones alternativas plausibles (ausencia temporal, viaje, estancia con familiares).
— Resulta proporcionado intentar una verificación mínima y respetuosa antes de activar recursos externos.

Con carácter prudente, se acuerda realizar un intento de contacto no intrusivo. El administrador deposita una nota en el buzón de la vivienda con un tono neutro y amable, sin referencias alarmistas, del siguiente tenor orientativo:

"Estimada Sra. Ana:
Soy el administrador de la finca. Al pasar por la planta he observado que su buzón se encuentra lleno. Por si necesitara ayuda para recoger la correspondencia, puede contactar conmigo en el teléfono XXX. Un cordial saludo."
Adicionalmente, el administrador podría intentar una llamada telefónica únicamente si la Sra. Ana hubiera facilitado voluntariamente ese dato con anterioridad para comunicaciones comunitarias ordinarias.

Conviene subrayar aquí un aspecto jurídico esencial: la comunidad no está legitimada para investigar activamente los datos personales del propietario más allá de los que este haya proporcionado voluntariamente. No sería lícito buscar números de teléfono de familiares, recabar información a través de terceros, consultar redes sociales o acceder a bases de datos públicas con esta finalidad. Tales actuaciones podrían vulnerar el derecho a la intimidad y la normativa de protección de datos.

Desenlace A. Situación normal
La Sra. Ana responde a la nota y comunica que ha pasado unos días con familiares, olvidando avisar para la retirada del correo. Agradece la atención recibida.

El protocolo se da por finalizado sin más actuaciones. No procede registrar información adicional en actas ni conservar datos sobre la situación personal de la interesada, más allá de una constancia genérica —si acaso— de que se realizó un contacto de cortesía. Se aplica plenamente el principio de minimización de datos.

Este desenlace pone de relieve la utilidad del protocolo como mecanismo de verificación respetuosa, que permite disipar la incertidumbre sin generar injerencias indebidas ni perjuicios jurídicos.

Desenlace B. Persistencia de los indicios y ausencia de respuesta

Transcurridas 48 horas desde la nota, esta no ha sido retirada y los indicios persisten. El administrador informa nuevamente al presidente. Se valora que procede activar la Fase IV: comunicación a servicios profesionales.

El presidente o el administrador, debidamente autorizados por la comunidad, contactan con los servicios sociales municipales, utilizando un canal institucional y realizando una comunicación estrictamente objetiva. El contenido orientativo podría ser el siguiente:

"Buenos días. Les llamo en calidad de presidente/administrador de la comunidad situada en C/ X, nº Y. Queremos poner en su conocimiento una situación que nos preocupa: una propietaria de edad avanzada que vive sola, la Sra. A., presenta desde hace más de una semana acumulación de correspondencia en su buzón y persianas permanentemente bajadas, algo que no es habitual en ella. Hemos intentado un contacto respetuoso mediante nota sin obtener respuesta. No tenemos constancia de familiares cercanos. Les trasladamos estos hechos por si consideran oportuno realizar una valoración social."

Esta comunicación debe documentarse de manera básica (fecha, hora, canal y contenido esencial), sin generar expedientes ni archivos internos. Una vez efectuada, la comunidad debe abstenerse de realizar seguimiento activo: no corresponde solicitar información sobre la intervención ni conocer su resultado, que queda protegido por el secreto profesional y la normativa de protección de datos. La función comunitaria concluye con la correcta canalización institucional de la información.

16.2. CASO 2: INDICIOS DE SÍNDROME DE DIÓGENES. OLORES PERSISTENTES Y QUEJAS VECINALES. INTER-SECCIÓN CON EL ARTÍCULO 7.2 LPH Y COORDINACIÓN CON SERVICIOS SANITARIOS

Descripción del supuesto

En una vivienda situada en la segunda planta reside el Sr. Luis, de 74 años, propietario, que vive solo desde hace años. En los últimos meses, varios vecinos comienzan a percibir olores intensos y persistentes procedentes de su vivienda, especialmente en el rellano y la escalera. Se han observado también insectos en zonas comunes próximas a su puerta. El Sr. Luis evita el contacto social, apenas sale de la vivienda y no responde a los intentos de conversación. Las quejas se trasladan al pre-sidente por afectar al uso normal de los elementos comunes.

Aplicación del Protocolo Preventivo Comunitario

Fase I. Detección de señales de alerta

Los indicios detectados son objetivos y trascienden claramente la esfera privada:

— olores persistentes perceptibles en zonas comunes;
— aparición de insectos;
— impacto negativo en la salubridad y en el uso normal del inmueble.

A diferencia del Caso 1, aquí los indicios no se limitan a una posible vulnerabilidad personal, sino que afectan directamente al inmueble y a terceros, activando competencias propias de la comunidad.

Fase II. Comunicación interna

Las quejas se comunican formalmente al administrador, quien constata personalmente los olores en una visita al edificio. Se evita cualquier valoración psicológica o diagnóstica sobre el vecino.

Fase III. Valoración colegiada
El administrador informa al presidente y se valora la situación teniendo en cuenta que:

— los hechos son objetivamente constatables;
— existe un riesgo potencial para la salubridad y seguridad;
— la situación puede encajar en el artículo 7.2 LPH (actividades molestas, insalubres o peligrosas);
— la intervención comunitaria está jurídicamente habilitada.

Se acuerda realizar un requerimiento previo y respetuoso al Sr. Luis, informándole de las molestias objetivas detectadas y ofreciéndole apoyo para buscar soluciones, sin reproches ni amenazas.

Fase IV. Coordinación con servicios profesionales
Ante la falta de respuesta efectiva y la persistencia de los olores, la comunidad activa dos vías com-plementarias y legítimas:

1. Comunicación a los servicios sociales y sanitarios municipales, informando de una posible situación de vulnerabilidad asociada a insalubridad en vivienda habitada por persona mayor que vive sola.
2. Comunicación a los servicios municipales de salud pública, dada la posible afectación a la salubridad colectiva.

Estas comunicaciones se realizan de forma objetiva, limitada a hechos constatables y sin atribuir diagnósticos.

Fase V. Medidas comunitarias conforme a la LPH
Si la situación persiste, la comunidad puede acordar:

— iniciar el procedimiento del art. 7.2 LPH, incluyendo requerimiento formal y eventual autorización judicial para adoptar medidas de limpieza o acceso controlado, siempre con intervención judicial;
— colaborar con las órdenes administrativas que dicten las autoridades sanitarias.

Valoración jurídica

Este supuesto ilustra con claridad cómo el síndrome de Diógenes legitima la actuación comunitaria no por razones asistenciales, sino por su impacto objetivo en el inmueble y la convivencia, siendo jurídicamente irrelevante que la intervención beneficie indirectamente al vecino afectado.

16.3. CASO 3: VECINO CON COMPORTAMIENTO HURAÑO Y AISLADO. DIFERENCIA ENTRE SOLEDAD ELEGIDA Y RIESGO OBJETIVO. LÍMITES DE LA ACTUACIÓN COMUNITARIA

Descripción del supuesto

En un edificio reside el Sr. Carlos, de 60 años, propietario, que apenas interactúa con los vecinos, evita el saludo y rechaza cualquier contacto. Vive solo, no participa en juntas ni actividades comu-nitarias y mantiene una actitud distante. Algunos vecinos manifiestan preocupación por su aisla-miento y proponen "hacer algo" para comprobar si está bien.

Aplicación del Protocolo Preventivo Comunitario

Fase I. Detección de señales
No se detectan indicios objetivos de riesgo:

— no hay olores, ruidos, deterioro del inmueble ni señales de emergencia;
— no existen alteraciones visibles del patrón de vida;

— el comportamiento, aunque socialmente distante, es estable y coherente.

Fase II. Valoración jurídica
La comunidad debe concluir que se trata, prima facie, de un supuesto de soledad elegida o estilo de vida autónomo, protegido por el artículo 10.1 CE (libre desarrollo de la personalidad).
Decisión: no activación del protocolo
No procede:

— realizar contactos no solicitados;
— comunicar la situación a terceros;
— registrar observaciones;
— promover visitas o "controles" vecinales.

Cualquier actuación en este contexto sería paternalista e intrusiva, carente de base legal y poten-cialmente vulneradora del derecho a la intimidad.

Valoración jurídica
Este caso delimita negativamente el ámbito del protocolo:
la comunidad no está legitimada para intervenir ante el mero aislamiento social si no concurren in-dicios objetivos de riesgo, aunque existan preocupaciones subjetivas bienintencionadas.
El respeto a la autonomía personal es aquí el criterio rector.

16.4. CASO 4: SITUACIÓN DE EMERGENCIA. RUIDOS DE CAÍDA Y PETICIÓN DE AUXILIO. ACTIVACIÓN DE LA FASE V Y COMUNICACIÓN INMEDIATA CON EL 112

Descripción del supuesto
Una vecina escucha, de madrugada, un fuerte golpe procedente de la vivienda inferior, seguido de gritos pidiendo ayuda. Reconoce la voz de una persona mayor que vive sola.

Aplicación del Protocolo Preventivo Comunitario
Activación inmediata de la Fase V: Emergencia
No procede deliberación comunitaria ni activación escalonada.
Actuación exigible:

— llamada inmediata al 112;
— información clara y directa sobre lo ocurrido;
— identificación del lugar exacto y acceso al inmueble si es necesario.

Si los servicios de emergencia lo solicitan, el presidente o un vecino puede facilitar el acceso a zonas comunes o acompañar a los equipos, sin entrar en la vivienda sin autorización.

Fundamento jurídico
En este supuesto concurre:

— peligro manifiesto y grave;
— activación del art. 195 CP (deber de socorro);
— habilitación plena para la actuación inmediata.

La comunidad actúa como cualquier ciudadano, sin asumir funciones asistenciales ni responsabili-dades añadidas.

Valoración jurídica
Este caso subraya un principio esencial:
cuando existe emergencia, no hay protocolo que sustituya al deber inmediato de auxilio. El protoco-lo no ralentiza la actuación, sino que la clarifica.
Estos casos muestran que el valor del protocolo no reside en fomentar la intervención constante, sino en saber cuándo actuar, cómo hacerlo y —sobre todo— cuándo no hacerlo. Su función es proteger simultáneamente a las personas vulnerables, a la comunidad y a los derechos fundamentales, evitando tanto la inacción negligente como la intromisión indebida.

XVII.
Conclusiones y reflexión final

17.1. SÍNTESIS ARGUMENTAL

La presente obra ha desarrollado una fundamentación multidimensional —jurídica, constitucional, filosófica, psicológica, social y ética— orientada a justificar la integración de la prevención de la soledad no deseada en el marco normativo de la Ley de Propiedad Horizontal, sin desnaturalizar su función ni vulnerar los derechos fundamentales de los residentes.

A lo largo del trabajo se ha sostenido, de manera sistemática, que:

1. La soledad no deseada constituye un fenómeno jurídicamente relevante, en la medida en que puede comprometer derechos fundamentales como la dignidad humana, la vida, la integridad física y moral, y el derecho a la participación social, especialmente en situaciones de vulnerabilidad prolongada.

2. La Constitución Española configura un modelo de Estado social y democrático de Derecho que no se limita a garantizar libertades negativas, sino que impone a los poderes públicos —y, en un plano subsidiario, a las comunidades intermedias— el deber de remover los obstá-

culos que dificultan la igualdad real y la participación efectiva en la vida social (artículo 9.2 CE).

3. La Ley de Propiedad Horizontal no es un mero instrumento de regulación patrimonial, sino un marco normativo de convivencia que, interpretado de forma sistemática, teleológica y conforme a la Constitución, permite fundamentar actuaciones comunitarias preventivas cuando concurren indicios objetivos de riesgo para derechos fundamentales, siempre dentro de límites estrictos de proporcionalidad y respeto a la intimidad.

4. Desde la filosofía del Derecho, corrientes como el personalismo jurídico, la ética del cuidado y el comunitarismo moderado ofrecen una base sólida para una concepción del Derecho civil menos centrada en el individualismo posesivo y más atenta a la dimensión relacional de la persona y a las responsabilidades derivadas de la convivencia.

5. Desde la psicología social y la salud pública, la evidencia empírica demuestra que la soledad no deseada constituye un factor de riesgo significativo para la salud física y mental, y que su prevención temprana, especialmente en entornos de proximidad, tiene efectos protectores relevantes.

6. Desde la filosofía moral y política, el reconocimiento de la vulnerabilidad humana como condición universal exige repensar las estructuras sociales desde el cuidado, entendiendo este no como una carga privada, sino como una responsabilidad compartida que debe articularse también en los espacios cotidianos de convivencia.

7. Se ha propuesto un protocolo preventivo comunitario que no crea obligaciones nuevas, sino que ordena y sistematiza los deberes existentes, estableciendo fases claras de detección, comunicación, deliberación colegiada, coordinación con servicios sociales y seguimiento, con especial atención a la confidencialidad y al consentimiento preferente.

8. Se han identificado medidas proactivas de carácter voluntario que pueden contribuir a prevenir la soledad no deseada antes de que alcance niveles críticos, reforzando la cohesión comunitaria y la resiliencia social sin imponer formas de sociabilidad obligatoria.

9. Finalmente, se han planteado propuestas de mejora legislativa y práctica, orientadas a dotar de mayor seguridad jurídica a las actuaciones preventivas y a reconocer explícitamente la dimensión solidaria de las comunidades de propietarios, sin convertirlas en entes asistenciales ni sustituir la responsabilidad de los poderes públicos.

17.2. LA COMUNIDAD DE PROPIETARIOS COMO ESPACIO DE HUMANIZACIÓN DEL DERECHO

El Derecho no es únicamente un conjunto de normas coercitivas destinadas a resolver conflictos. Es también —y quizá de manera más profunda— un lenguaje de construcción de comunidad, un marco institucional que posibilita, orienta o dificulta determinadas formas de convivencia.

La interpretación defendida en esta monografía concibe la Ley de Propiedad Horizontal no como una mera regulación patrimonial, sino como un auténtico estatuto de convivencia, susceptible de ser interpretado a la luz de los valores constitucionales de dignidad humana, solidaridad y función social de la propiedad.

Esta lectura no impone deberes imposibles ni transforma a los vecinos en agentes asistenciales. Se limita a reconocer que la proximidad genera responsabilidades, que la cohabitación crea vínculos jurídicamente relevantes y que dichos vínculos pueden —y deben— orientarse hacia formas básicas de cuidado mutuo cuando están en juego derechos fundamentales.

Desde esta perspectiva, la comunidad de propietarios emerge como un microespacio de humanización del Derecho: un ámbito donde los principios constitucionales se concretan en prácticas cotidianas de atención, respeto y responsabilidad compartida; donde el Derecho deja de ser una abstracción normativa para encarnarse en relaciones humanas reales. Especialmente en relación con las personas mayores, cuya vulnerabilidad suele manifestarse de forma silenciosa y progresiva, la comunidad puede convertirse en el primer —y a veces único— entorno capaz de advertir que alguien ha dejado de ser visible, escuchado o tenido en cuenta. Reconocer jurídicamente esa posibilidad no significa invadir la intimidad, sino afirmar que la dignidad no se protege solo evitando la injerencia, sino también evitando la indiferencia.

17.3. LÍMITES Y TENSIONES: LA DIFÍCIL ARMONIZACIÓN ENTRE SOLIDARIDAD E INTIMIDAD

La propuesta desarrollada en esta obra no desconoce las tensiones que suscita. La armonización entre el principio de solidaridad y el derecho fundamental a la intimidad personal y familiar es compleja y no admite soluciones automáticas.

No existe una regla universal capaz de resolver todos los supuestos. Cada caso exige un ejercicio de prudencia práctica, en el sentido clásico de la phrónesis aristotélica: deliberar sobre lo adecuado en circunstancias concretas, ponderando derechos, riesgos y consecuencias.

Los criterios aquí propuestos —proporcionalidad, subsidiariedad, consentimiento preferente y confidencialidad— no eliminan la incertidumbre inherente a estas situaciones, pero ofrecen un marco racional para la toma de decisiones. Desplazan el debate del plano simplista de "intervenir o no intervenir" hacia una cuestión más compleja y jurídicamente fecunda: cómo intervenir de manera legítima, respetuosa y proporcionada.

17.4. DE LA LETRA DE LA LEY AL ESPÍRITU DE LA CONVIVENCIA

Toda norma jurídica posee una dimensión literal y una dimensión teleológica. Una lectura estrictamente literal de la Ley de Propiedad Horizontal podría concluir que nada tiene que decir sobre la soledad no deseada y que, por tanto, las comunidades carecen de margen de actuación.

Sin embargo, una interpretación sistemática y finalista, conforme al ordenamiento constitucional, revela potencialidades normativas que la letra de la ley no explicita de forma expresa. Los preceptos relativos a la conservación del inmueble, al buen régimen de la casa, a los deberes de los propietarios y a las competencias de la Junta pueden fundamentar actuaciones preventivas cuando se interpretan desde la dignidad humana y la función social de la propiedad.

Esta hermenéutica no es arbitraria ni voluntarista. Es la que impone el artículo 3.1 del Código Civil, al exigir que las normas se interpreten atendiendo a su contexto, a los antecedentes históricos y legislativos y, especialmente, a la realidad social del tiempo en que han de ser aplicadas.

La realidad social contemporánea incluye el envejecimiento poblacional, la crisis de los cuidados, la erosión de las redes comunitarias tradicionales y la emergencia de la soledad no deseada como problema de salud pública. Ignorar esta realidad supondría condenar al Derecho a una progresiva irrelevancia social.

17.5. MÁS ALLÁ DEL DERECHO: LA CONSTRUCCIÓN CULTURAL DE COMUNIDADES DEL CUIDADO

Aunque esta obra adopta una perspectiva jurídica, sería ingenuo pensar que la transformación propuesta puede lograrse únicamente mediante reformas normativas. Los cambios culturales son tan determinantes como los legales.

De poco serviría reformar la Ley de Propiedad Horizontal si las comunidades continúan concibiéndose exclusivamente como entes patrimoniales, si persiste la indiferencia vecinal o si el imaginario dominante sigue siendo el del individualismo autosuficiente.

La construcción de comunidades del cuidado exige procesos más amplios, entre los que destacan:

— Educación cívica, orientada a la solidaridad y la corresponsabilidad.
— Modelaje social, mediante la visibilización de buenas prácticas comunitarias.
— Narrativas alternativas, que cuestionen el mito de la autosuficiencia y pongan en valor la interdependencia.
— Prácticas cotidianas, pequeñas pero constantes, que generan cultura de cuidado: saludar, interesarse por el otro, ofrecer y aceptar ayuda.

El Derecho no puede imponer estas actitudes, pero sí puede crear condiciones institucionales que las faciliten, reconocerlas cuando emergen y legitimarlas socialmente. En ese equilibrio entre norma y cultura se juega, en última instancia, la posibilidad de comunidades verdaderamente humanas.

17.6. LA PREVENCIÓN DE LA SOLEDAD COMO PROYECTO POLÍTICO

La prevención de la soledad no deseada no constituye una cuestión meramente técnica, asistencial o sectorial. Es, en sentido profundo, un proyecto político, en cuanto implica una determinada forma de organizar la convivencia, distribuir responsabilidades y definir qué tipo de sociedad se desea construir.

Optar por ignorar la soledad no deseada, relegarla al ámbito estrictamente privado, confiar su gestión al mercado o atribuirla exclusivamente a las familias —y, en la práctica, a las mujeres— es también una opción política, aunque a menudo se presente como natural o inevitable. Del mismo modo, optar por desarrollar sistemas de cuidado comunitario, reconocer la interdependencia humana y redistribuir responsabilidades entre Estado, mercado, familias y comunidades constituye una opción política alternativa.

Esta obra se inscribe deliberadamente en esta segunda opción. No desde una posición ideológica excluyente, sino desde la constatación de que el envejecimiento demográfico, la transformación de las estructuras familiares, la crisis de los cuidados y la insostenibilidad del modelo socioeconómico vigente obligan a repensar profundamente las formas de convivencia y de organización del cuidado.

Las comunidades de propietarios son espacios modestos, microsociedades de alcance limitado. Sin embargo, precisamente por su escala humana, su proximidad y su potencial de reconocimiento mutuo, pueden convertirse en laboratorios de innovación social, donde ensayar prácticas de cuidado más solidarias, sostenibles y respetuosas con la dignidad humana.

La generalización y conexión de estas experiencias locales puede contribuir, a medio y largo plazo, a transformaciones sociales de mayor alcance. Como señalaba David Graeber, las transformaciones más profundas comienzan a menudo mediante prácticas prefigurativas, que anticipan en lo cotidiano el mundo que se aspira a construir.

17.7. REFLEXIÓN ÉTICA FINAL: ¿QUIÉN ES MI PRÓJIMO?

La conocida parábola del buen samaritano (Lucas 10, 25-37), más allá de su dimensión religiosa, encierra una intuición ética de extraordinaria actualidad. Ante la pregunta «¿quién es mi prójimo?», la respuesta no adopta la forma de una definición abstracta, sino de una narración que desplaza el foco: no se trata de delimitar a quién se debe ayudar, sino de hacerse prójimo del que sufre.

Trasladada al contexto de las comunidades de propietarios, esta intuición resulta especialmente elocuente. El vecino aislado, vulnerable o en riesgo se convierte en nuestro prójimo no por compartir una titularidad dominical, sino por compartir humanidad. La proximidad física —vivir puerta con puerta— genera una responsabilidad ética mínima que el Derecho puede reconocer y facilitar, aunque no pueda imponer de forma general y coercitiva.

Desde esta perspectiva, la prevención de la soledad no deseada no es solo una estrategia de salud pública ni un mandato constitucional indirecto. Es una exigencia ética básica: no cruzar al otro lado del camino cuando se percibe el sufrimiento ajeno. Es la actualización contemporánea del antiguo precepto de tratar a toda persona como un fin en sí misma, nunca meramente como un medio.

17.8. UN LLAMAMIENTO A LA ACCIÓN

Este trabajo concluye con un llamamiento dirigido a distintos actores sociales e institucionales:

— A las comunidades de propietarios y a sus miembros: no esperen a reformas legislativas para comenzar a construir comunidades más solidarias. El marco jurídico vigente ya permite múltiples iniciativas prudentes y respetuosas. Comenzar por lo sencillo —conocer a los vecinos, saludar, prestar atención— puede marcar la diferencia. La aprobación de protocolos voluntarios y la coordinación con servicios sociales son pasos posibles y legítimos.

— A los administradores de fincas: su función trasciende la gestión económica y técnica. Son mediadores comunitarios y agentes de cohesión social. La formación en detección de vulnerabilidad y la iniciativa proactiva en la adopción de protocolos preventivos pueden resultar decisivas.

— A los servicios sociales y a las administraciones públicas: reconozcan a las comunidades de propietarios como aliadas potenciales en la prevención de la soledad no deseada. Faciliten formación, asesoramiento y canales de comunicación claros. La respuesta institucional ágil es esencial para que la colaboración sea eficaz.

— Al legislador: aborde la eventual reforma de la Ley de Propiedad Horizontal desde una perspectiva humanizadora, clarificando los márgenes de actuación preventiva y reforzando las garantías de los derechos fundamentales. La prevención de la soledad no deseada debe integrarse de manera transversal en las políticas de vivienda, urbanismo, salud y servicios sociales.

— A la academia jurídica: profundice en la reflexión sobre el cuidado, la vulnerabilidad y la solidaridad como categorías jurídicas relevantes. Desarrolle investigación empírica y forme a futuros juristas en una concepción del Derecho comprometida con la dignidad humana y la justicia social.

— A la sociedad civil organizada: las entidades del tercer sector pueden encontrar en las comunidades de propietarios aliados estratégicos. La cooperación, la formación y la sistematización de buenas prácticas resultan esenciales.

17.9. PALABRAS FINALES: DEL YO AL NOSOTROS

El proyecto emancipador de la modernidad se construyó en torno a la figura del individuo autónomo y titular de derechos. Este paradigma permitió avances fundamentales en libertades civiles, Estado de Derecho y protección frente al poder arbitrario. Pero también ha generado efectos colaterales profundos: atomización social, mercantilización del cuidado y soledad estructural.

El siglo XXI exige un tránsito conceptual y práctico: del yo al nosotros, sin negar la autonomía individual, pero reconociendo su dependencia de redes de cuidado y relaciones de interdependencia. Un nosotros vulnerable, finito y compartido.

Las comunidades de propietarios, como microsistemas de convivencia cotidiana, pueden convertirse en espacios privilegiados para ensayar este tránsito. Espacios donde la propiedad se entienda no solo como derecho a excluir, sino también como responsabilidad hacia quienes comparten el espacio; donde la autonomía se reconozca sostenida por el cuidado mutuo; donde el bienestar individual se comprenda inseparable del bienestar colectivo.

Prevenir la soledad no deseada es, en última instancia, un acto de reconocimiento de nuestra común humanidad. Es afirmar que nadie es invisible, que el sufrimiento ajeno interpela y que la convivencia puede organizarse desde el cuidado. Y eso —más allá de obligaciones jurídicas o estrategias de política pública— constituye un auténtico imperativo de humanidad.

XVIII.
REFERENCIAS BIBLIOGRÁFICAS

1. NORMATIVA

España

— Constitución Española. Boletín Oficial del Estado, núm. 311, de 29 de diciembre de 1978.
— Ley 49/1960, de 21 de julio, sobre Propiedad Horizontal. Boletín Oficial del Estado, núm. 176, de 23 de julio de 1960.
— Código Civil, aprobado por Real Decreto de 24 de julio de 1889. Boletín Oficial del Estado, núm. 206, de 25 de julio de 1889.
— Ley Orgánica 10/1995, de 23 de noviembre, del Código Penal. Boletín Oficial del Estado, núm. 281, de 24 de noviembre de 1995.
— Ley Orgánica 3/2018, de 5 de diciembre, de Protección de Datos Personales y garantía de los derechos digitales. Boletín Oficial del Estado, núm. 294, de 6 de diciembre de 2018.
— Ley 8/2021, de 2 de junio, por la que se reforma la legislación civil y procesal para el apoyo a las personas con discapacidad en el ejercicio de su capacidad jurídica. Boletín Oficial del Estado, núm. 132, de 3 de junio de 2021.

Unión Europea y Consejo de Europa

— UNIÓN EUROPEA. Reglamento (UE) 2016/679 del Parlamento Europeo y del Consejo, de 27 de abril de 2016 (RGPD). Diario Oficial de la Unión Europea, L 119, de 4 de mayo de 2016.
— UNIÓN EUROPEA. Carta de los Derechos Fundamentales de la Unión Europea. Diario Oficial de la Unión Europea, C 202, de 7 de junio de 2016.
— CONSEJO DE EUROPA. Convenio Europeo para la Protección de los Derechos Humanos y de las Libertades Fundamentales, hecho en Roma el 4 de noviembre de 1950. Boletín Oficial del Estado, núm. 243, de 10 de octubre de 1979.
— WOHNUNGSEIGENTUMSGESETZ (Ley de Propiedad Horizontal alemana), en su versión actualizada. Gesetz über das Wohnungseigentum und das Dauerwohnrecht. Disponible en: https://www.gesetze-im-internet.de/woeigg/

Sentencias

— STS 589/2021, de 8 de septiembre de 2021 (Tribunal Supremo, Sala de lo Civil). https://vlex.es/vid/875733238
— Sentencia del Tribunal Constitucional 231/1988, de 2 de diciembre (BOE núm. 307, de 23 de diciembre de 1988). Recurso de amparo 1158/1986. Ponente: Luis López Guerra. Sobre el derecho a la intimidad personal y familiar en el ámbito del domicilio.
— European Court of Human Rights. Botta v. Italy, App. No. 21439/93, Judgment of 24 February 1998, European Court of Human Rights (Strasbourg). Consulted via HUDOC: https:// hudoc.echr.coe.int/ (application no. 21439/93)
— European Court of Human Rights. Pretty v. United Kingdom, App. No. 2346/02, Judgment (European Court of Human Rights, 29 April 2002), HUDOC, https://hudoc.echr.coe.int/ eng?i=001-162224.
— European Court of Human Rights. McDonald v. United Kingdom, App. No. 4241/12, Judgment of 20 May 2014, European

Court of Human Rights, HUDOC, https://hudoc.echr.coe.int/eng?i=001-144115.
— Federal Constitutional Court (Bundesverfassungsgericht). 1 BvL 1/09, 1 BvL 3/09, 1 BvL 4/09, Judgment of 9 February 2010 (Federal Constitutional Court of Germany, First Senate), Hartz IV standard benefits unconstitutional, https://www.bundesverfassungsgericht.de/SharedDocs/Entscheidungen/EN/2010/02/ls20100209_1bvl000109en.html.
— Tribunal Constitucional (España). Sentencia 207/1996, de 16 de diciembre de 1996, recurso de amparo núm. 1.789/1996. Publicada en «Boletín Oficial del Estado» núm. 19, 22 de enero de 1997, pp. 12–21, BOE-T-1997-1175, https://www.boe.es/buscar/doc.php?id=BOE-T-1997-1175
— Sentencia 37/1987, de 26 de marzo (BOE núm. 89, de 14 de abril de 1987). ECLI:ES:TC:1987:37

3. DOCTRINA JURÍDICA Y IUSFILOSÓFICA

— DUGUIT, Léon. *Les transformations générales du droit privé depuis le Code Napoléon*. Paris: Félix Alcan, 1912.
— LEGAZ Y LACAMBRA, Luis. *Filosofía del Derecho*. Barcelona: Bosch, 1961.
— MARITAIN, Jacques. *La personne et le bien commun*. Paris: Desclée de Brouwer, 1947.
— MOUNIER, Emmanuel. *Manifeste au service du personnalisme*. Paris: Montaigne, 1936.
— MACINTYRE, Alasdair. *Dependent Rational Animals*. Chicago: Open Court, 1999.
— SANDEL, Michael. *Liberalism and the Limits of Justice*. Cambridge: Cambridge University Press, 1982.
— TAYLOR, Charles. *Sources of the Self*. Cambridge: Harvard University Press, 1989.
— HONNETH, Axel. *La lucha por el reconocimiento*. Barcelona: Crítica, 1997.

4. ÉTICA DEL CUIDADO, VULNERABILIDAD Y FILOSOFÍA POLÍTICA

— GILLIGAN, Carol. *In a Different Voice*. Cambridge: Harvard University Press, 1982.
— NODDINGS, Nel. *Caring*. Berkeley: University of California Press, 1984.
— TRONTO, Joan. *Moral Boundaries*. New York: Routledge, 1993.
— BUTLER, Judith. *Precarious Life*. London: Verso, 2004.
— FINEMAN, Martha. "The vulnerable subject: Anchoring equality in the human condition". *Yale Journal of Law & Feminism*, 2008, vol. 20, núm. 1, pp. 1-23.
— NUSSBAUM, Martha. *Las fronteras de la justicia*. Barcelona: Paidós, 2007.
— PORTOCARRERO QUISPE, Jorge Alexander. La proporcionalidad en la protección anticipada de las libertades fundamentales: análisis de la sentencia del Tribunal Constitucional Federal Alemán del 24 de marzo de 2021 sobre la Ley federal de protección del clima. 2022.

5. SOCIOLOGÍA, PSICOLOGÍA SOCIAL Y SALUD PÚBLICA

— BAUMAN, Zygmunt. *Modernidad líquida*. Buenos Aires: Fondo de Cultura Económica, 2003.
— DAHL, Nils. Governing through kodokushi. Japan's lonely deaths and their impact on community self-government. Contemporary Japan, 2020, vol. 32, no 1, p. 83-102.
— DURKHEIM, Émile. *Le suicide*. Paris: Félix Alcan, 1897.
— JO COX, Commission on Loneliness. Combatting Loneliness One Conversation at a Time: A Call to Action. Londres: Jo Cox Commission on Loneliness, diciembre de 2017. Disponible en: https://www.ageuk.org.uk/siteassets/documents/reports-and-publications/reports-and-briefings/active-communities/rb_dec17_jocox_commission_finalreport.pdf

— PUTNAM, Robert. *Bowling Alone*. New York: Simon & Schuster, 2000.
— BOWLBY, John. *Attachment and Loss*, vol. 1. New York: Basic Books, 1969.
— HOLWERDA, T. J., et al. "Feelings of loneliness predict dementia onset". *Journal of Neurology, Neurosurgery & Psychiatry*, 2014, vol. 85, núm. 2, pp. 135-142.
— HOLT-LUNSTAD, Julianne, et al. "Loneliness and social isolation as risk factors for mortality". *Perspectives on Psychological Science*, 2015, vol. 10, núm. 2, pp. 227-237.
— CRENSHAW, Kimberlé. "Demarginalizing the intersection of race and sex". *University of Chicago Legal Forum*, 1989, núm. 1, pp. 139-167.

6. URBANISMO, COMUNIDAD Y CUIDADO

— GEHL, Jan. *Cities for People*. Washington: Island Press, 2010.
— GRAEBER, David. *The Democracy Project*. New York: Spiegel & Grau, 2013.
— PÉREZ OROZCO, Amaia. *Subversión feminista de la economía*. Madrid: Traficantes de Sueños, 2014.

7. INFORMES Y DOCUMENTOS INSTITUCIONALES

— CRUZ ROJA ESPAÑOLA. *Soledad no deseada: un reto social*. Madrid, 2023.
— INSTITUTO NACIONAL DE ESTADÍSTICA. *Proyecciones de población 2022–2072*. Madrid, 2022.
— JUNTA DE ANDALUCÍA. *Plan Andaluz contra la Soledad No Deseada 2022–2025*. Sevilla, 2022.
— UNITED KINGDOM GOVERNMENT. *A Connected Society: A Strategy for Tackling Loneliness*. London, 2018.
— WORLD HEALTH ORGANIZATION. *Social isolation and loneliness among older people*. Geneva, 2021.

— DEPARTMENT FOR DIGITAL, CULTURE, MEDIA AND SPORT (REINO UNIDO). A Connected Society: A Strategy for Tackling Loneliness - Laying the Foundations for Change. Londres: HM Government, octubre de 2018.
Disponible en: https://www.gov.uk/government/publications/a-connected-society-a-strategy-for-tackling-loneliness
— DEPARTMENT FOR DIGITAL, CULTURE, MEDIA AND SPORT (REINO UNIDO). Loneliness Annual Report: The First Year. Londres: HM Government, enero de 2020.
Disponible en: https://www.gov.uk/government/publications/loneliness-annual-report-the-first-year

Nota final de los autores:
Esta monografía constituye una propuesta teórica y normativa cuyo desarrollo requeriría, para su implementación efectiva, un amplio proceso de deliberación social, consulta a todos los actores implicados (comunidades de propietarios, administradores, servicios sociales, asociaciones de mayores, organizaciones de derechos humanos), investigación empírica, experiencias piloto y, eventualmente, reforma legislativa.

No pretende ofrecer soluciones definitivas, sino abrir un debate sobre cómo el Derecho civil, y específicamente la regulación de las comunidades de propietarios, puede contribuir a prevenir la soledad no deseada respetando escrupulosamente los derechos fundamentales.

La esperanza que anima esta obra es que las comunidades de propietarios puedan convertirse en lo que siempre han tenido potencial de ser: no solo organizaciones patrimoniales, sino comunidades humanas donde la convivencia se fundamenta en el reconocimiento mutuo.